U0578037

素养导向的道德与法治深度教学研究

庄怡清◎著

辽宁人民出版社

图书在版编目（CIP）数据

素养导向的道德与法治深度教学研究 / 庄怡清著
. — 沈阳：辽宁人民出版社，2025.2
　　ISBN 978-7-205-11169-4

　　Ⅰ. ①素… Ⅱ. ①庄… Ⅲ. ①政治课－教学研究－小学 Ⅳ. ①G623.102

中国国家版本馆 CIP 数据核字(2024)第094522号

出版发行：辽宁人民出版社
　　　　地址：沈阳市和平区十一纬路25号 邮编：11003
　　　　电话：024-23284321(邮　　购）024-23284324(发行部）
　　　　传真：024-23284191(发行部）024-23284304(办公室）
　　　　http://www.lnpph.com.cn
印　　刷：辽宁一诺广告印务有限公司
幅面尺寸：170mm×240mm
印　　张：13.75
字　　数：200千字
出版时间：2025年2月第1版
印刷时间：2025年2月第1次印刷
责任编辑：张天恒　　王晓筱
装帧设计：识途文化
责任校对：吴艳杰
书　　号：ISBN 978-7-205-11169-4
定　　价：68.00元

前　言

　　与教育结缘，是一场美丽的邂逅，也是一段不断探索和成长的旅程。回首过去，我深感自己与教育的缘分深厚而独特。

　　从小，我就对知识充满了渴望。每当教师在课堂上讲述新知识，我总是聚精会神地听讲，迫不及待地想探索更多未知的领域。这种对知识的热爱让我自然而然地选择了读师范学校，走上了教育之路。1996年7月师范学校毕业后，我有幸成为一名小学教师。

　　2007年3月，一个偶然的机会，学校派我参加县进修学校组织的小学毕业班编制思想品德试卷比赛，那次经过用心准备，我获得了一等奖，从此，我就喜欢上了思想品德这门学科，开始走近它、研究它。后来我从语文教学转行投身小学思政教学与研究。万事开头难，当我真正进入"思政教学"领域时，我才发现，思想品德在当时的小学教学中是"副科"，是"添头肉"，一般由语文教师兼任，课时经常被语文教师名正言顺地"挪用"。很多时候我都是单枪匹马，孤立无援，默默埋头研究。直到后来有幸结识了泉州市教育科学研究所小学道德与法治教研员宋泉慧教师，泉州师范学院附属小学正高级教师、福建名师邱小鹰教师，福建省普通教育教学研究室道德与法治教研员高本光教师，我才觉得找到了组织，找到了导师，于是从事研究的热情更加高涨。2014年5

月我被福建省教育厅认定为福建省第四批中小学学科教学带头人。经过近15年的潜心研究与积极实践，2022年9月被福建省人民政府授予"福建省特级教师"称号。

教育离不开研究，研究才能让教育走得更远。古今中外著名的教育家，留下大量宝贵的教育文字。这些文字中，传承了他们的教育思想，留下了他们对教育的探索与追求。于是，我开始大量阅读教育书籍，与苏霍姆林斯基、卢梭、杜威、布鲁纳、皮亚杰、陶行知、鲁洁、魏书生、高德胜、李镇西等教育大师亲密接触。他们的文字让我感受到了一个个伟大的灵魂，他们的教育思想也悄无声息地沉积在我头脑深处，成为我思考教育、探索教育的理论基础。

随着研究的深入，我逐渐萌生出一种想法：教育文字是教师思想的凝结，是教师教育理念的升华。作为思政教学的学科带头人、特级教师，不仅要在思政教学上有所作为，也要在思政学科研究上做一些理论研究的普及工作，这是社会赋予我的使命。于是我开始从事教育教学论文的写作。

写作于我，是悄然来临的，像是一股微风，呼地吹进了心坎，一个激灵便一发不可收了。十几年来，我的教育论文不断发表在《福建教育》《中小学德育》《天津教育》《华夏教师》等十几种教育刊物上。对此，一些同事与朋友常夸我文笔好。其实，教育文字与文笔的好坏实在没有多大关联，教育写作并不等于文学创作，之所以能够得到教育报刊的青睐，不是因为文字的优美，而是因为思想的独特。而这种对教育的独特理解，绝不是生编乱造，绝不是空穴来风，而是源于不断的教育实践、思考与学习。经常发表教育文字的教师，一定是乐于阅读、勤于思考、勇于实践的教师。也只有不断地学习、思考、实践的教师才能在教育写作的路上走得更远。

我把十几年来的研究心得编成《素养导向的道德与法治深度教学研究》一书。本书作为这一领域内的专业著作，旨在深入探讨教育理论、实践以及相关政策，为教育工作者、政策制定者和学者提供资源和参考。在编写这本书的过程中，我从培育学生的核心素养和教师的视角出发，深入贯彻《义务教育道德与法治课程标准（2022年版）》理念，用通俗的语言和生动的案例来说明要如何上好道德与法治课。书中阐述了道德与法治教学要注重发展学生的核心素养，培养他们的批判性思维，鼓励他们用心思考和探讨道德与法治问题，以便他们能够形成正确的观点和判断。同时，也强调实践体验的重要性，教师要注重鼓励学生将所学知识应用到社会生活中，通过自己的行为来践行道德和法律，做到学以致用，知行合一。

最后，我要感谢所有支持和帮助我完成这本书的人。感谢我的家人和朋友们的鼓励和支持，感谢我的导师和同事们的指导和帮助。没有他们的支持和帮助，我无法完成这本书的写作。同时，我也要感谢所有关心和支持教育事业的人们，正是你们的努力和付出，让教育事业得以不断发展和进步。

但愿书中的点滴文字能够对同行朋友有所启示和帮助，能够激发他们对教育问题的思考，推动教育实践的创新，以及促进教育领域的学术交流。当然，由于本人才疏学浅、水平有限，书中的教育观点难免存在一定的浅陋与偏颇，还请读者批评指正。

庄怡清

2024年2月16日于泉州惠安

目　录

第一章 核心素养导向的小学道德与法治深度教学的意蕴

第一节 小学道德与法治深度教学的内涵

一、深度教学的内涵

小学道德与法治课程是培养学生道德观念、法治观念的重要途径，而深度教学理念的提出正是为了解决传统教育方式所存在的问题。

首先，在教学方面，深度教学强调的不仅仅是知识的传授，更重要的是对教材内涵的深度理解。在道德与法治课程中，深度教学要求教师不仅传授相关法律法规和道德准则，更要引导学生深入思考其中的道德与法治精神，培养学生对于法治和道德的内在理解和认同。深度教学强调通过启发式教学、案例分析等方式触及学生的灵魂，激发学生的情感共鸣和思考，使他们在学习道德与法治课程时能够产生深刻的体会和认知，而非仅仅停留在表面的知识掌握上。此外，深度教学要求教师在整个教学过程中注重培养学生的批判性思维、创造性思维和解决问题的能力，使学生能够在道德与法治课程中通过思考、讨论、实践等方式全面发展，从而达到更优的教学效果。总之，通过深度教学的实施，小学道德与法治课程将不再局限于传统的知识灌输，而是能够更好地培养学生的道德观念和法治观念，使他们在实践中能够真正理解和践行道德与法治精神，从而成为具有真正社会责任感和法治意识的公民。

其次，深度教学要求教师不仅仅停留在教材的表面知识上，更要深入挖掘教材背后所蕴含的思想、价值观和现实意义。在道德与法治课程中，教师需要理解每一课的主题、目标以及其对学生道德发展的影响，并将这些理解融入教学实践中，以引导学生形成正确的道德观念和法治观念。深度教学要求教师从传统的知识传授者转变为引导者和启发者，只有深刻理解教材，教师才能更好地引导学生进行深入思考，并帮助他们将知识内化为自己的思想和观念，从而形成扎实的道德与法治基础。此外深度教学也需要教师结合深刻的教材理解，调整教学方法，采用启发式教学、案例分析等方式，引导学生深入思考教材所传达的思想和价值观，从而使教学更具深度和广度。总之，通过深刻理解教材，教师能够更好地发挥自己的引导作用，帮助学生在道德与法治课程中形成深刻的认知和体会，从而培养学生的道德观念和法治观念，使其在实践中能够真正理解和践行道德与法治精神。

再次，深度教学要求能够触及学生的灵魂，这在小学道德与法治课程中尤为重要。小学生正处于身心发展的关键期，他们的认知能力、情感体验和价值观正在逐渐形成。在这一时期，教师应该注重引导学生形成正确的道德观念和法治观念，而不仅仅是灌输知识。深度教学能够满足这一需求，通过要求教师创设真实、生动的教学情境，引导学生在情感上产生共鸣和体验，使他们在心灵深处真正理解并认同课程所传达的价值观。例如，通过案例分析、角色扮演等方式，让学生亲身体验道德与法治背后的道德困境和法治冲突，从而引发他们的情感共鸣和思考。深度教学要求教师不仅仅是知识的传授者，更要成为学生心灵的触动者。教师需要通过自身的言传身教和情感表达，引导学生在道德与法治课程中产生情感共鸣，激发他们内在的道德情感和法治意识。通过触及学生的灵魂，深度教学能够使道德与法治课程不再局限于表面的知识传授，而是真正影响学生的情感和认知，培养出具有真正道德情感和法治意识的公民。深度教学要求触及整个教学过程的本质，这意味着教学应该是师生互动、共同发展的过程。深度教学要求教师与学生之间进行积极的互动，不再是单向的知识传递，而是师生共同参与、共同探讨的过程。教师应该引导学生主动思考、发现问题、解决问题，从而激发他们的学习兴趣和动力，促进他们的全面发展。

最后，深度教学要求教师关注学生的学习过程，了解他们的学习需求和学习状态，及时调整教学策略。教师应该根据学生的反馈不断反思、调整教学方法和内容，使教学更加符合学生的学习需求和身心发展规律。同时，深度教学要求教师通过引导学生主动思考、发现问题、解决问题，培养他们的批判性思维、创造性思维和解决问题的能力。教师应该在教学中为学生创设有挑战性的学习情境，激发他们的思维，促进他们的全面发展。通过触及整个教学过程的本质，深度教学能够使教学变得更加灵活、个性化，更好地满足学生的学习需求，促进学生的全面发展。

综上所述，小学道德与法治深度教学作为一种全新的教学理念，要求教师深入理解教材，触及学生灵魂，并关注整个教学过程，深度教学要求教师对教材有深刻的理解，不仅仅是表面的文字知识，更要深入理解其背后的思想、价值观和现实意义。这种深入理解能够帮助教师更好地引导学生，帮助他们形成正确的道德观念和法治观念。深度教学要求通过真实、生动的教学情境触及学生的灵魂，让他们在心灵深处真正理解并认同课程所传达的价值观。这种触及学生灵魂的教学方式能够激发学生的情感共鸣和思考，促进他们的全面发展。同时，深度教学要求教师关注整个教学过程，将教学变成师生互动、共同发展的过程。教师需要关注学生的学习过程，引导他们主动思考、发现问题、解决问题，从而促进学生的全面发展。只有通过深入理解教材、触及学生灵魂和关注整个教学过程，我们才能真正实现教育的目标，培养出既有知识又有道德的学生。为了实现这一目标，我们需要不断地探索和实践，以期在未来的教学中取得更好的效果，促进学生的全面发展和成长。

二、教学目标定位

在传统的小学道德与法治教学中，教学目标往往只停留在知识灌输的层面，未能有效地促进学生建构自身的知识体系。传统教学往往只注重将教材中的内容原封不动地传授给学生，而忽视了对这些知识背后的内在逻辑和意义进行深入探究。这种教学方式未能引导学生深入思考和理解道德与法治知识的内涵，学生对知识的掌握停留在表面层面。传统教学模式忽视了学生的学习主体性，未能将学生置于学习的主体地位，使其积极参与知识的建构和意义的探究。这种教学方式使学生缺乏自主学习的机会，未能培养其批判性思维和创造性思维。同时传统教学模式也未能有效地促进学生建构自身的知识体系，使其对道德与法治知识的理解停留在被动接受和记忆的层面，而未能形成扎实的认知结构和知识框架。因此，传统的小学道德与法治教学未能有效地促进学生的深层次思维和知识体系的建构，需要通过深度教学的方式，引导学生深入思考和理解道德与法治知识的内涵，回归其学习的主体性，促进其全面发展。

与之相对的，深度教学的教学目标定位于把握知识内在的逻辑，促进学生建构自身知识体系。帮助学生理解知识的内在逻辑和意义，深度教学强调不仅仅是教师传授知识给学生，更重要的是引导学生理解知识背后的内在逻辑和意义。通过深入挖掘知识的内在逻辑和意义，学生能够更好地理解知识的本质和应用，而不仅仅是停留在表面的记忆和传递。加强融会贯通，形成自己的认知结构和知识体系：深度教学要求学生能够将所学知识融会贯通，形成自己的认知结构和知识体系。这意味着学生不仅仅是被动地接受知识，而是能够将不同领域的知识相互联系，形成完整的认知结构，为进一步学习和应用打下基础。通过特有的学习方式，深度教学有效培养了学生的批判性思维和创造性思维，使其能够对所学知识进行深入思考和批判性分析，进而提出新的观点和见解，促进知识的进一步发展和应用。通过深度教学，学生不仅仅是被动地接受知识，而是能够深入理解知识的内在逻辑和意义，形成自己的认知结构和知识体系，从而为未来的学习和发展奠定坚实的基础。

因此在深度教学中，教师需要对教材内容进行深入分析，理解其中的内在逻辑和意义，而不是简单地传授表面知识。通过深入分析，教师能够更好地把握知识的本质和核心，为学生提供更丰富、更深刻的学习体验。并通过教学活动引导学生深入探究知识的内在逻辑，让他们理解知识之间的联系，形成完整的知识结构。这种引导能够帮助学生建立起扎实的知识基础，培养其综合运用知识的能力。强调培养学生的思维能力、探究能力和实践能力，使他们能够将所学知识转化为自身的能力和素质。教师应该通过多种教学方法和实践活动，激发学生的思维，培养其解决问题和创新的能力。通过深入分析教材内容、引导学生探究知识的内在逻辑，并注重培养学生的思维能力、探究能力和实践能力，教师能够实现深度教学的目标定位，促进学生的全面发展和成长。这种教学目标定位的转变，不仅有助于提高学生的学习效果，更能培养他们的自主学习能力和终身学习意识。目标定位的转变使学生不再仅仅停留在对知识的表面理解和死记硬背，而是能够深入理解知识的内在逻辑和意义。这种深度理解能够提高学生的学习效果，使他们能够更好地掌握知识，形成扎实的学习基础。目标定位的转变也注重培养学生的思维能力、探究能力和实践能力，使他们能够自主地进行学习和思考。这种培养能够激发学生的学习兴趣和动力，培养其终身学习的意识，使其具备持续学习和自我提升的能力。在这个条件下，深度教学培养学生的综合能力和批判性思维，使他们能够更好地适应不断变化的环境和挑战。在未来的学习和生活中，他们能够更好地应对各种复杂情况，具备持续发展的潜力和竞争力。因此，深度教学在教学目标的定位上更具前瞻性和可持续性，能够为学生的终身发展奠定坚实的基础，使其具备应对未来挑战的能力和竞争力。

三、教学内容的解读

在教学内容的解读上，传统教学往往只注重对课文内容的简单解释和阐述，缺乏对教学内容的多维度深入解读。相比之下，深度教学则从多个角度对教学内容进行深入的剖析和解读。

（一）课文内容的拓展

深度教学的核心理念是不仅仅局限于课文中的内容，而是对其进行适当的拓展和延伸。在道德与法治课程中，这种深度教学的方法尤为重要。深度教学要求教师和学生一同挖掘课文中所涉及的道德观念或法治观念的背景。这包括了解相关法律、历史事件、社会背景等，以便全面理解这些观念的形成和演变过程。通过了解这些背景，学生能够更好地理解课文内容，并且能够将所学知识与实际情境联系起来。深度教学还要求对课文中的道德观念或法治观念进行深入的意义探究。这包括讨论这些观念对社会、个人的重要性，以及对于维护社会秩序和促进公民道德的作用。通过深入探究这些意义，学生能够更好地理解这些观念的价值所在，从而增强对其的认同和理解。在实践方面，深度教学要求将课文中的道德观念或法治观念与实际生活中的案例相联系，探讨其在日常生活中的实际应用。这可以通过讨论真实或虚构的案例、角色扮演、小组讨论等方式进行。通过这种实际应用的探讨，学生能够更好地理解这些观念的具体运用方式，增强对其实际意义的认识。通过对课文内容的深度拓展和延伸，学生能够拓宽自己的视野，了解更多相关的知识和信息。这有助于他们形成更为全面的认知，从而更好地理解道德与法治的复杂性和多样性。总的来说，深度教学的课文内容拓展不仅有助于学生更全面地理解课文内容，还能够拓宽他们的视野，增强学生对道德与法治的理解和认同。这种教学方法能够培养学生的批判性思维和综合运用能力，使他们在日常生活中更好地应用所学知识。

（二）知识运用能力的培养

深度教学强调培养学生的知识运用能力，要求教师引导学生在解读教学内容的过程中发现问题并进行分析。这种问题可能涉及课文中的道德观念或法治观念，也可能涉及实际生活中的情境。教师可以通过提出引导性问题或讨论案例的方式，帮助学生深入思考和分析问题的本质和背后的原因，从而帮助学生了解解决问题的实际意义：教师通过设计具有实际意义的情境或任务，让学生运用所学知识去解决实际问题。这种任务可能包括小组讨论、案例分析、角色扮演等形式。通过这些任务，学生不仅能够将所学知识应用到实际情境中，还能够理解知识的实际意义和价值。在知识的实际运用方面，通过实际任务和情境的设计，学生能够将所学知识运用到解决实际问题的过程中。这种实际运用有助于学生更好地理解和掌握知识，同时也能够提高他们的综合素质和能力。通过这种教学方式，学生不仅仅是在课堂上被动地接受知识，而是通过实际任务和情境的参与，培养了解决问题的能力、合作能力、批判性思维等综合素质和能力。总之，深度教学强调培养学生的知识运用能力，通过实际任务和情境的设计，让学生运用所学知识去解决实际问题，从而提高他们的综合素质和能力。这种教学方式有助于学生更好地理解和掌握知识，同时也能够提高他们的实践能力和综合素质。

（三）小结

综上所述，深度教学在教学内容的解读上与传统教学存在显著的差异。深度教学更注重对课文内容的拓展和对知识运用能力的培养，从而更好地促进学生全面发展和提高教学质量。在深度教学课文内容拓展中，本节强调了两个重要的方面：课文内容的拓展和知识运用能力的培养。首先，课文内容的拓展是指不仅仅局限于课文中的内容，而是对其进行适当的拓展和延伸。这包括背景挖掘、意义探究、实际应用和拓宽视野等方面。通过这种方式，学生能够更全面地理解课文内容，拓宽视野，增强对道德与法治的理解和认同。其次，深度教学特别注重培养学生的知识运用能力。在解读教学内容的过程中，教师会引导学生发现问题、分析问题并解决问题。通过设计具有实际意义的情境或任务，让学生运用所学知识去解决实际问题，从而培养他们的知识运用能力和实践能力。这种教学方式能够帮助学生更好地理解和掌握知识，同时也能提高他们的综合素质和能力。总之，深度教学课文内容拓展不仅有助于学生更全面地理解课文内容，还能够培养他们的知识运用能力，提高实践能力和综合素质。这种教学方式为学生的全面发展提供了重要支持。

四、教学评价方面

（一）改进传统教学评价单一的缺陷

首先，传统教学方式通常只关注学生对课本知识的掌握情况，通过考试或简单的测验来评价学生的学习效果。这种方式忽略了对学生知识运用能力、思维能力、情感态度等方面的评价，难以全面反映学生的学习状况和发展情况。在知识运用能力的评价方面，传统评价方式偏重于考察学生对课本知识的记忆和理解，而忽视了对知识的实际运用能力的评价。深度教学强调培养学生的知识运用能力，评价方式应当包括学生在实际情境中运用所学知识解决问题的能力。其次，传统评价方式往往缺乏对学生思维能力的全面评价，比如批判性思维、创新性思维、解决问题的能力等。深度教学强调培养学生的批判性思维和创新性思维，评价方式应当包括对学生思维能力的评价。最后，传统评价方式往往忽视了对学生情感态度的评价，比如对道德观念的态度、对法治的认同等。深度教学强调培养学生的情感态度，评价方式应当包括对学生情感态度的评价，如对价值观念的认同程度、道德情感的培养等。总之，传统评价方式难以全面反映学生的综合素质和能力，如合作能力、沟通能力、自我管理能力等。深度教学强调培养学生的综合素质，评价方式应当包括对学生综合素质的评价。因此，传统的小学道德与法治教学评价方式较为单一，难以全面反映学生的学习状况和发展情况。深度教学的教学评价应当更加注重对学生知识运用能力、思维能力、情感态度以及综合素质的全面评价，从而更好地反映学生的学习状况和发展情况。

（二）实施多元化的评价方式

深度教学的教学评价是更为全面和多元化的。它不仅关注学生对课本知识的掌握情况，还强调对学生知识运用能力、思维能力、情感态度等方面的评价。通过多种形式的评价方式，如课堂表现、小组讨论、实践活动、作品评价等，教师可以更全面地了解学生的学习状况和发展情况，为进一步的教学提供有力的依据。深度教学注重培养学生的知识运用能力，评价方式会考察学生在实际情境中运用所学知识解决问题的能力。这可能包括实际案例分析、角色扮演、项目设计等形式，以评估学生对知识的实际运用能力。深度教学也关注学生的思维能力，评价方式会考虑学生的批判性思维、创新性思维、解决问题的能力等。通过课堂讨论、问题解决任务、研究性学习等形式，教师可以评价学生的思维能力。在情感态度的评价方面，深度教学强调培养学生的情感态度，评价方式会考虑学生对道德观念的态度、对法治的认同等。通过情感态度调查、情感态度展示、情感态度讨论等形式，教师可以评价学生的情感态度。因此，深度教学注重学生的综合素质，评价方式会考虑学生的合作能力、沟通能力、自我管理能力等。通过项目作业、小组合作、课堂参与等形式，教师可以评价学生的综合素质和能力。总之，深度教学的教学评价是全面和多元化的，通过多种形式的评价方式，教师可以更全面地了解学生的学习状况和发展情况，为进一步的教学提供有力的依据。这种评价方式有助于促进学生的全面发展，培养其综合素质和能力。

（三）教学评价涵盖面广

深度教学的教学评价涵盖了多个方面，包括学生对课本知识的掌握情况、知识运用能力、思维能力、情感态度等。这些方面的评价相互补充，共同构成了对学生全面而客观的评价体系。通过这种评价体系，教师可以更好地了解学生的学习需求和问题所在，从而有针对性地开展教学工作，提高教学质量。评价学生对课本知识的掌握情况是教学评价的基础，但并不是唯一的评价标准。传统的考试和测验只能反映学生对知识的表面掌握情况，而深度教学的评价体系会更全面地考察学生对知识的理解和应用能力。在知识运用能力方面，深度教学注重培养学生的知识运用能力，评价体系会考察学生在实际情境中运用所学知识解决问题的能力，从而更全面地了解学生的学习状况。评价体系还会考虑学生的思维能力，包括批判性思维、创新性思维、解决问题的能力等。通过多种形式的评价方式，如课堂表现、小组讨论、实践活动等，教师可以评价学生的思维能力。在情感态度方面，深度教学强调培养学生的情感态度，评价体系会考虑学生对道德观念的态度、对法治的认同等。通过情感态度调查、情感态度展示、情感态度讨论等形式，教师可以更全面地了解学生的情感态度。因此，深度教学的教学评价涵盖了多个方面，相互补充，共同构成了对学生全面而客观的评价体系。通过这种评价体系，教师可以更好地了解学生的学习需求和问题所在，从而有针对性地开展教学工作，提高教学质量。这种全面的评价体系有助于促进学生的全面发展，培养其综合素质和能力。

（四）小结

本节主要的观点在于传统的小学道德与法治教学评价方式较为单一，通常只关注学生对课本知识的掌握情况，而忽略了对学生知识运用能力、思维能力、情感态度等方面的评价。这种方式难以全面反映学生的学习状况和发展情况。实施多元化的评价方式是深度教学的特点之一。通过多种形式的评价方式，如课堂表现、小组讨论、实践活动、作品评价等，教师可以更全面地了解学生的学习状况和发展情况，为进一步的教学提供有力的依据。此外深度教学评价涵盖面广，包括学生对课本知识的掌握情况、知识运用能力、思维能力、情感态度等。这些方面的评价相互补充，共同构成了对学生全面而客观的评价体系，有助于促进学生的全面发展，培养其综合素质和能力。

第二节　小学道德与法治深度教学理念的提出

一、深度教学理念的理论基础

（一）知识分类理论

1.知识分类理论的概念

知识分类理论是一种将知识按照其本质特征和属性进行分类的方法。知识分类理论的创立者布鲁姆提出将知识分为四类（事实性知识、程序性知识、概念性知识、元认知知识），并指出人类通过记忆、理解等方式形成了一个循序渐进的完整的认知过程，在这个过程中，人类在先认识知识的框架结构后，再通过接受新知识形成稳固的知识体系。

事实性知识：事实性知识是关于事实、概念和原理的知识，它描述了世界的现状、关系和规律。在教学中，事实性知识通常通过讲述、阅读和展示等方式传授给学生，如科学原理、历史事件、文学作品等都属于事实性知识的范畴。

程序性知识：程序性知识则是关于如何做某事的知识，它包括行为和操作的规程、技能和方法。在教学中，程序性知识通常通过实践和练习来培养和传授，如学习骑自行车、弹钢琴、写作文等都需要程序性知识的学习和掌握。

概念性知识：概念性知识是关于概念、原理和理论的知识，它帮助人们理解事物之间的关系和规律。在教学中，概念性知识的学习有助于培养学生的逻辑思维能力和抽象思维能力。

元认知知识：元认知是程序性知识的一部分，它指的是关于思维、学习、记忆、解决问题等方面的技能。在教学中，培养学生的认知技能可以帮助他们更好地理解和应用所学的事实性知识，促进他们的学习能力和思维能力的提升。

因此，知识分类理论为教学提供了理论基础，帮助教师更好地理解和分类知识，从而针对不同类型的知识采取适当的教学方法和策略，促进学生的全面发展和能力提升。

2.知识分类理论的应用

布鲁姆认为，人类通过记忆、理解等方式形成了一个循序渐进的完整的认知过程，这个过程中，人类在先认识知识的框架结构后，再通过接受新知识形成稳固的知识体系。这一观点强调了知识的系统性和渐进性，为教学提供了理论基础，有助于教师更好地设计教学活动，促进学生的认知发展和知识体系的建构。

深度学习强调学生对知识理解的深度，认为知识的传授并不是在封闭空间内不断注入，认知不是一个大脑记忆外来知识的简单过程，而是通过结构不断积累生长的。这一观点从多个角度阐述了深度学习的理论基础。深度学习注重培养学生对知识的深度理解，而不仅仅是表面的记忆和应用。这意味着学生需要将所学知识与现实情境相结合，理解知识的内在逻辑和关联，以及其在不同领域的应用，从而形成更为深刻的认知。同时深度学习理论认为，知识的传授并不是简单的线性注入过程，而是一个复杂的、非线性的过程。学生的认知不是被动接受知识，而是通过与新知识的对话、理解和应用，不断地调整和完善自己的认知结构。此外，深度学习理论强调认知是通过结构不断积累生长的。这意味着学生在学习过程中会不断地将新的知识与已有的认知结构相连接和整合，从而形成更为复杂和深刻的认知结构。总之，深度学习理论的理论基础强调了对知识理解的深度、知识传授的非线性特点以及认知的积累与生长过程。这一理论为教学提供了重要的指导，促进教师设计更为深入和有意义的学习活动，以培养学生的深度理解能力和批判性思维能力。道德与法治深度教学理念旨在突破传统教学的局限，实现知识的深度理解和应用。这一理念的理论基础主要源于知识分类理论，它为深度教学提供了重要的理论支撑和实践指导。根据定义，知识分类理论将知识分为不同类型，包括程序性知识、事实性知识、概念性知识和元认知知识。

在小学道德与法治教学中，教师可以根据这一分类，有针对性地设计教学活动，促进学生对道德与法治知识的深度理解和应用。例如，通过教授事实性知识让学生了解法律条文和历史案例，通过概念性知识培养学生的道德判断能力，通过程序性知识引导学生学会运用法律知识解决问题。总之，知识分类理论强调了不同类型知识的特点和教学方法，有助于教师更好地引导学生进行深度理解和应用。通过多元化的评价方式，如课堂表现、小组讨论、实践活动等，教师可以更全面地了解学生的学习状况和发展情况，为进一步教学提供有力的依据。知识分类理论也强调了认知过程的重要性，教师可以通过引导学生建立知识的框架结构，再通过接受新知识形成稳固的知识体系，从而加深学生对道德与法治知识的认知过程。因此，知识分类理论为小学道德与法治深度教学提供了理论支持，帮助教师更好地设计教学活动和评价方式，促进学生对知识的深度理解和应用，从而实现教学的有效性和学生的全面发展。

3.知识分类理论在道德与法治深度教学中起到的作用

首先，知识分类理论在道德与法治深度教学中起到了重要的作用，主要体现在以下几个方面。一是合理组织教学内容：知识分类理论能够帮助教师合理组织道德与法治课程的教学内容。道德与法治的知识可以分为事实性知识和程序性知识。事实性知识包括法律条文、道德原则等事实和概念性内容，而程序性知识则涉及如何运用这些知识解决问题、处理纠纷等实际操作。通过对知识的分类，教师可以更好地组织教学内容，确保学生既掌握了相关的事实性知识，又掌握了必要的程序性知识。二是设计有针对性的教学策略：基于知识分类理论，教师可以有针对性地设计教学策略和活动，以促进学生对道德与法治知识的深入理解和应用。针对事实性知识，教师可以采用讲述、阅读、讨论等方式进行教学；而针对程序性知识，可以通过案例分析、角色扮演、模拟法庭等活动来引导学生运用所学知识解决实际问题，加深他们的理解和应用能力。三是促进深度学习：通过合理组织教学内容和有针对性的教学策略，知识分类理论有助于促进学生对道德与法治知识的深度学习。学生不仅能够了解相关的法律条文和道德原则，还能够通过实际操作和案例分析等活动，深入理解这些知识的实际应用，提高他们的批判性思维和问题解决能力。因此，知识分类理论在道德与法治深度教学中起到了重要作用，有助于教师更好地组织教学内容、设计教学策略，从而促进学生对知识的深度理解和应用，实现教学的有效性和学生的全面发展。

其次，知识分类理论在道德与法治深度教学中起到了重要作用，特别是在指导教学方法的选择方面有以下的作用。一是设计针对事实性知识的教学方法：对于事实性知识，教师可以采用讲授、演示和案例分析等方法。通过讲授，教师可以向学生传授相关的法律条文、道德原则等事实性知识；通过演示，教师可以展示实际的案例或情境，帮助学生理解知识的实际应用；通过案例分析，学生可以深入思考并讨论案例中的道德与法治问题，从而加深对事实性知识的理解。二是设计针对程序性知识的教学方法：对于程序性知识，教师可以采用实践操作、模拟和合作学习等方法。通过实践操作，学生可以亲身体验并应用学到的程序性知识，例如模拟法庭、角色扮演等活动；通过模拟，学生可以在虚拟的情境中进行实际操作，加深对程序性知识的理解和应用；通过合作学习，学生可以与同伴合作解决问题，培养实践能力和团队合作精神。三是提高学生的思维能力和实践能力：通过合理选择教学方法，教师可以更好地引导学生掌握知识，提高他们的思维能力和实践能力。针对不同类型的知识，采用相应的教学方法有助于激发学生的学习兴趣，提高他们的参与度，并促进他们对道德与法治知识的深入理解和应用。因此，知识分类理论在道德与法治深度教学中指导教学方法的选择，有助于教师更好地设计教学活动，促进学生对知识的深度理解和应用，提高他们的思维能力和实践能力。

再次，知识分类理论在道德与法治深度教学中起到了重要作用，尤其在完善教学评价方面。一是可以全面了解学生的学习状况：通过评价学生掌握的事实性知识和程序性知识的程度，教师可以全面了解学生的学习状况和发展情况。事实性知识评价可以帮助教师了解学生对法律条文、道德原则等概念性知识的掌握情况，而程序性知识评价则可以反映学生在实际操作和应用方面的能力，从而为教师提供有针对性的教学反馈。二是可以制定相应的评价标准：基于知识分类理论，教师可以根据不同类型的知识制定相应的评价标准，确保评价的客观性和准确性。针对事实性知识，评价标准可以包括对相关概念的准确理解和正确运用；而针对程序性知识，评价标准可以包括实际操作的准确性和问题解决能力等方面。三是可以设计评价量表或测试题：教师可以根据不同类型知识的特点，设计相应的评价量表或测试题，以全面评价学生的学习成果。通过这些评价工具，教师可以更好地反映学生对事实性知识和程序性知识的掌握情况，为学生提供个性化的学习指导和支持。四是可以提高评价的针对性和有效性：知识分类理论为教学评价提供了重要的参考，有助于提高评价的针对性和有效性。教师可以根据不同类型的知识设计多样化的评价方式，如口头问答、书面测试、实际操作评估等，从而更全面地了解学生的学习情况，为进一步教学提供有力的依据。因此，知识分类理论为道德与法治深度教学的教学评价提供了重要的参考，有助于教师全面了解学生的学习情况，设计针对性的评价标准和工具，提高评价的客观性和准确性，从而促进学生对知识的深度理解和应用。

4.小结

知识分类理论将知识分为不同类型，包括事实性知识和程序性知识。事实性知识指的是关于事实和概念的知识，而程序性知识指的是关于如何做某事或解决问题的知识。这一理论有助于教师更好地理解和组织知识，以及设计相应的教学策略和评价方式。

知识分类理论在道德与法治深度教学中发挥了重要作用。首先，它有助于教师合理组织教学内容，确保学生既掌握事实性知识，又掌握程序性知识。其次，它指导教学方法的选择，使教师能够针对不同类型的知识采用合适的教学方法，促进学生的深入理解和提高应用能力。最后，知识分类理论完善了教学评价，教师可以根据不同类型的知识设计相应的评价标准和工具，全面了解学生的学习情况，提高评价的客观性和准确性。因此，知识分类理论为道德与法治深度教学提供了重要的理论支持和实践指导，有助于教师更好地设计教学活动，促进学生对知识的深度理解和应用，实现教学的有效性和学生的全面发展。

在道德与法治深度教学中，教师在应用知识分类理论时需要注意以下几点：

深入理解知识分类理论：教师首先需要深入理解知识分类理论，并结合学生的实际情况进行教学设计。了解知识的分类有助于教师更好地组织教学内容，设计相应的教学活动和评价方式，确保学生全面掌握事实性知识和程序性知识。

激发学生的学习兴趣和主动性：教师应注重激发学生的学习兴趣和主动性，培养他们的自主学习能力和合作精神。基于知识分类理论，教师可以设计多样化的教学活动，如案例分析、角色扮演、模拟法庭等，以吸引学生的注意力，激发他们的学习兴趣，并培养他们的批判性思维和合作能力。

及时调整教学策略和活动：教师需要及时根据学生的学习情况和反馈信息调整教学策略和活动，不断完善和改进教学方法和手段，提高教学质量。知识分类理论为教师提供了指导，但实际教学中可能需要根据学生的实际反应进行灵活调整，以确保教学的有效性和学生的全面发展。

总之，应用知识分类理论在道德与法治深度教学中，教师需要深入理解理论，激发学生的学习兴趣和主动性，培养他们的自主学习能力和合作精神，并及时调整教学策略和活动，不断完善和改进教学方法和手段，以提高教学质量和促进学生的全面发展。

（二）深度学习理论

1.深度学习理论的概念

深度学习理论基于美国学者埃德加·戴尔在1946年提出的学习金字塔理论，该理论很好地阐述了主动学习能够起到比被动学习强得多的学习效果。深度学习理论在2006年由希顿等人提出，最初属于人工神经领域，后随着信息技术的高速发展，教学方式也随之改变，在信息技术的帮助下教学方式也产生快速变革，更加注重学生主动获得知识，提高获取知识的质量。

深度学习理论是一种基于人工神经网络的学习方法，旨在模拟人类大脑的学习过程。它通过多层次的神经网络结构来学习抽象层次的特征表示，从而实现对复杂数据的高效处理和分析。深度学习理论的提出者包括希顿等学者，通过反向传播算法等技术手段实现了对多层次神经网络的训练。深度学习理论的核心思想是通过多层次的非线性变换将输入数据映射到输出结果，从而实现对数据的高级抽象和表征学习。与传统的机器学习方法相比，深度学习具有更强大的特征表征能力和更高的自动化学习能力，能够处理更加复杂和抽象的数据模式。

在教育领域，深度学习理论也被引申为一种教学方法，强调学生通过自主探究和发现来获取知识，注重培养学生的批判性思维和问题解决能力。借助信息技术的发展，教学方式也在不断改变，深度学习理论为教学提供了新的思路和方法，注重学生的主动参与和深度思考，从而提高知识获取的质量和学习效果。

2.深度学习理论的应用

深度学习理论在小学道德与法治深度教学中扮演着重要的角色，它强调了学习者应该深入理解知识，并将其与原有的知识结构相融合，以解决实际问题。以下是深度学习理论在小学道德与法治深度教学中的重要性应用：

一是深入理解知识：从深度学习理论的应用这一角度来详细论述深度学习理论要求学习者不仅仅是记住知识点，更要求他们深入理解知识的内涵和实质。在小学道德与法治教学中，学生不仅需要了解道德与法治的基本概念，还需要理解其背后的道德原则和法律精神，以及这些原则和精神在实际生活中的应用。深度学习理论强调的是对知识的深入理解和实际应用，而不仅仅是表面上的记忆和重复。在小学道德与法治教学中，这意味着学生应该通过探究和讨论来理解道德与法治的内涵，而不仅仅是机械地记住定义和条文。这种深度学习的方法有助于培养学生的批判性思维和问题解决能力，使他们能够在实际生活中运用所学的道德与法治知识。通过深入理解道德原则和法律精神，学生可以更好地理解为什么需要遵守某些规则和法律，以及这些规则和法律是如何保障社会秩序和公平正义的。这种理解有助于培养学生的责任感和公民意识，使他们能够在日常生活中做出正确的道德选择和遵守法律法规。此外，深度学习理论还强调将知识应用到实际生活中。在小学道德与法治教学中，学生应该通过案例分析和角色扮演等方式来探讨道德与法治知识在实际情境中的应用，从而培养他们的实际操作能力和解决问题的能力。这种实际应用有助于加深学生对道德与法治知识的理解，并促使他们将所学的知识运用到实际生活中，形成良好的行为习惯和法治意识。因此，从深度学习理论的角度来看，小学道德与法治教学应该注重培养学生对知识的深入理解和实际应用能力，使他们不仅仅是知识的获取者，更是能够运用知识解决问题和作出正确选择的实践者。

二是知识融合：从深度学习理论的应用这一角度来详细论述深度学习理论强调知识的融合和连接，小学道德与法治教学也应该注重将不同领域的知识相互融合，帮助学生建立起完整的道德与法治知识体系，这有助于学生更好地理解知识的关联性，形成系统化的认知结构。深度学习理论强调知识的融合和连接，这意味着学习者应该将不同领域的知识进行整合，形成更为完整和系统化的认知结构。在小学道德与法治教学中，这就要求教师不仅仅是传授道德与法治的基本概念，还要将这些知识与其他学科内容相互融合，帮助学生建立起完整的道德与法治知识体系。例如，在语文课上可以通过文学作品来讨论人物的道德选择和法治精神；在科学课上可以通过科学实验来探讨科学道德和科学法律；在社会课上可以通过历史事件来学习法治的演变和道德的发展等。通过将道德与法治知识与其他学科内容相互融合，可以帮助学生更好地理解知识的关联性，形成系统化的认知结构。这种跨学科的融合教学有助于打破学科之间的界限，使学生能够从多个角度来理解道德与法治知识，形成更为全面和深入的认知。同时，这也有助于培养学生的综合分析和综合解决问题的能力，使他们能够在实际生活中更好地运用所学的道德与法治知识。因此，从深度学习理论的角度来看，小学道德与法治教学应该注重将不同领域的知识相互融合，帮助学生建立起完整的道德与法治知识体系，以促进他们更好地理解知识的关联性，形成系统化的认知结构。

三是解决实际问题：从深度学习理论的应用这一角度来详细论述深度学习理论要求学习者能够将所学知识应用于解决实际问题。在小学道德与法治教学中，学生需要通过深度学习的方式，理解道德与法治知识对于解决实际生活中的道德困境和法律问题的重要性，并学会将所学知识运用到实际情境中。深度学习理论强调将知识应用于解决实际问题，这意味着学生不仅仅是被动接受知识，更要能够主动运用所学的知识来解决实际生活中的问题。在小学道德与法治教学中，这就要求教师通过案例分析、角色扮演等方式，引导学生思考和讨论道德困境和法律问题，并帮助他们学会将所学知识运用到实际情境中。例如，在道德课上可以通过讨论真实或虚构的道德困境案例，引导学生思考如何根据道德原则作出正确的选择；在法治课上可以通过模拟法庭的方式，让学生扮演不同角色，学习法律的适用和司法程序等。通过这些实践活动，学生可以更好地理解道德与法治知识对于解决实际问题的重要性，并学会将所学的知识应用到实际情境中。这种实践性的学习有助于培养学生的问题解决能力和实际操作能力，使他们在面对道德困境和法律问题时，能够运用所学的知识作出正确的判断和选择。同时，这也有助于加深学生对道德与法治知识的理解，使他们在实际生活中形成良好的道德意识和法治观念。因此，从深度学习理论的角度来看，小学道德与法治教学应该通过深度学习的方式，帮助学生理解道德与法治知识对于解决实际生活中的道德困境和法律问题的重要性，并学会将所学知识运用到实际情境中，以培养他们的实际应用能力和解决问题的能力。

综上所述，深度学习理论为小学道德与法治深度教学提供了重要的理论基础。深度学习理论强调了学生深入理解知识、知识融合和知识应用的重要性，这对于小学道德与法治教学具有重要的指导意义。首先，深度学习理论强调学生深入理解知识的内涵和实质。在小学道德与法治教学中，这意味着学生不仅仅是被动接受道德与法治知识，而是要通过探究和讨论来深入理解道德原则和法律精神，从而培养其批判性思维和问题解决能力。其次，深度学习理论强调知识融合和知识应用。在小学道德与法治教学中，这就要求教师将不同领域的知识相互融合，帮助学生建立起完整的道德与法治知识体系，并通过实际情境的应用帮助学生将所学知识运用到解决实际问题中。这种深度教学方式有助于提高教学质量，促进学生成长。学生通过深度学习可以更好地理解知识的关联性，形成系统化的认知结构，并且能够在实际生活中运用所学的道德与法治知识，培养实际应用能力和解决问题的能力。因此，深度学习理论为小学道德与法治教学提供了重要的理论指导，有助于教师设计更加有效的教学方式，促进学生对道德与法治知识的深入理解和实际应用，提高教学质量，培养学生的综合素养。

3.深度学习理论在道德与法治深度教学中起到的作用

深度学习理论在道德与法治深度教学中的应用体现在以下几个方面。

首先，是教学设计方面，教师应设计具有实际意义的情境或任务，让学生运用所学知识去解决实际问题。通过情境化的教学设计，学生可以在具体的情境中运用道德与法治知识，培养他们的知识运用能力和创新能力。例如，可以通过案例分析、角色扮演等方式，让学生在模拟的情境中思考和应用道德与法治知识。同时教师可以采用启发式教学方法，引导学生通过讨论、探究和实践，深入理解和应用道德与法治知识。这种教学方式可以激发学生的学习兴趣，促进他们对知识的深入思考和理解，培养他们的批判性思维和问题解决能力。深度学习理论强调学习者应该深入理解道德与法治知识，并能够将其应用于实际生活中。在教学中，教师需要引导学生深入探究知识的内在逻辑和意义，帮助他们建立对道德原则和法治精神的深刻理解，从而提高他们的思维能力和实践能力。总之，深度学习理论在道德与法治深度教学中的应用强调了知识的深入理解和应用，教师应通过情境设计和启发式教学等方式，引导学生深入探究知识，培养他们的思维能力和实践能力，从而提高教学效果和学生成长。

其次，深度学习理论注重学生的主动性和参与性，这在道德与法治教学中有着重要的应用意义。教师应该通过各种方式引导学生积极参与课堂活动，例如提出开放性问题、组织小组讨论、进行角色扮演等，从而激发学生的学习兴趣和动力，让他们在学习道德与法治知识的过程中变得更加主动和积极。教师也可以运用多样化的教学活动，如案例分析、小组讨论等，让学生在实际问题中主动探究和解决问题，从而培养他们的自主学习能力和合作精神。这样的教学方式有助于让学生更深入地理解道德与法治知识，而不仅仅是被动地接受知识。同时教师在教学过程中应该关注学生的个体差异和需求，提供个性化的指导和支持，以促进他们的全面发展。这种关注学生个体差异的做法有助于激发每个学生的学习潜能，让他们在道德与法治教学中得到更好的发展。总之，深度学习理论在道德与法治教学中的应用，可以通过引导学生积极参与、多样化的教学活动以及关注学生个体差异和需求等方式，促进学生的主动性和参与性，从而更好地达到教学的效果。

最后，从深度理论在道德与法治深度教学中的应用这一角度来看，深度学习理论重视情感态度和价值观的培养，这在道德与法治教学中有着重要的应用意义。教师在道德与法治教学中应该关注学生的情感态度和价值观的培养，引导他们树立正确的道德观念和法治意识。通过情境创设和多样化的教学活动，让学生亲身体验道德情感和法治精神，从而培养他们的社会责任感和公民意识。教师还应该关注学生的心理健康和成长需求，提供必要的心理支持和辅导。在道德与法治教学中，教师可以通过倾听学生的心声、引导他们正确处理情绪等方式，促进他们的身心健康，从而更好地接受和理解道德与法治知识。通过情境创设和多样化的教学活动，教师可以帮助学生深入理解道德与法治知识，培养他们的社会责任感和公民意识。例如，可以通过角色扮演、案例分析等方式，让学生在实际情境中思考和体验道德与法治所涉及的价值观和情感，从而更深刻地理解和内化这些价值观念和情感态度。深度学习理论在道德与法治教学中的应用，可以通过关注学生的情感态度和价值观的培养、提供心理支持和辅导，以及培养社会责任感和公民意识等方式，促进学生在道德与法治教学中的全面发展。

总之，深度学习理论为小学道德与法治深度教学理念提供了重要的理论基础和实践指导。在教学中，教师应注重学生的主动性和参与性、关注情感态度和价值观的培养、提供个性化的指导和支持。通过这些措施的实施，可以更好地促进学生的深度学习和发展。

（三）建构主义理论

1.建构主义的概念

建构主义理论是一种重要的教育理论，强调学习者通过与周围环境的互动，形成认知关系来促进认知能力的发展。在建构主义理论的指导下，课堂被视为师生教学的主要环境，教师通过对特定环境的创设激发学生对学习的兴趣，构建学生与教学知识的联系。以下是对这一理论的详细论述：①主体与环境的互动：建构主义理论强调学习过程是主体与周围环境互动的结果。学习者通过与周围环境的互动，积极地建构知识和理解，而不是被动地接受信息。这种互动促进了认知能力的发展，使学生能够更深入地理解和应用所学的知识。②学习情境的创设：基于建构主义理论，教学应该着重于学习情境的创设。教师可以通过实际问题、案例分析、角色扮演等方式，营造具体的学习情境，让学生在这些情境中进行互动和建构，从而促进对知识的深入理解。③师生教学环境：在建构主义理论的指导下，课堂被视为师生教学的主要环境。教师在课堂中扮演着引导者和促进者的角色，通过对特定环境的创设激发学生对学习的兴趣，引导学生主动地建构知识和理解。④激发学生的兴趣：建构主义理论强调激发学生的兴趣和好奇心。教师可以通过引入新颖的学习情境、提出挑战性问题引发学生思考和讨论，从而激发学生对学习的兴趣和热情。⑤构建学生与教学知识的联系：建构主义理论认为，学生应该通过与周围环境的互动，建构与教学知识的联系。教师应该帮助学生将所学知识与实际情境相联系，促进知识的深层次理解和应用。总的来说，建构主义理论强调学习者与环境的互动，课堂作为主要教学环境，来进行学习情境的创设，从而激发学生的兴趣，构建学生与教学知识的联系。这些理论观点对于教师设计有效的教学策略，促进学生的深入学习和全面发展具有重要的指导意义。

2.建构主义理论的应用

建构主义理论是一种关于知识和学习的理论，它强调个体通过与环境的互动来建构自己的理解和知识。在小学道德与法治深度教学中，建构主义理论可以提供重要的理论基础，有助于教师设计更有效的教学策略和课程安排。

首先，建构主义理论认为学习是一个主动的过程，学习者通过与周围环境的互动来建构知识和理解。在道德与法治教学中，教师可以利用这一理论，设计各种互动式的学习活动，如小组讨论、角色扮演、案例分析等，让学生在实际情境中积极参与，从而更好地理解和建构道德与法治知识。

其次，建构主义理论强调学习者的先前知识和经验对新知识的理解和建构具有重要影响。在道德与法治教学中，教师可以通过启发式问题、案例分析等方式，引导学生运用他们已有的道德观念和法治意识来理解新的知识，从而更好地将新知识融入到他们的认知结构中。

最后，建构主义理论还注重社会环境对学习的影响。在道德与法治教学中，教师可以通过组织学生参与社会实践活动、邀请社区自愿人士来校交流等方式，让学生在真实的社会环境中建构道德与法治知识，从而更好地理解和应用这些知识。

综上所述，建构主义理论为小学道德与法治深度教学提供了重要的理论基础，教师可以通过设计互动式的学习活动、关注学生的先前知识和经验以及创设丰富的社会环境等方式，帮助学生更好地建构和理解道德与法治知识。

3.建构主义理论在道德与法治深度教学中起到的作用

建构主义理论在道德与法治深度教学中起到了重要作用，它强调学习者通过与周围环境的互动来建构知识和理解，这与道德与法治教学的特点相契合。以下是对建构主义理论在道德与法治深度教学中的作用的详细论述：①强调学习者的主动建构：建构主义理论强调学习者是知识的主动建构者，通过与周围环境的互动来建构知识和理解。在道德与法治教学中，学生需要通过实际情境的讨论和分析，参与道德困境和法律问题的解决，从而主动地建构道德与法治知识。②情境化学习：建构主义理论倡导情境化学习，即将学习置于真实的情境中。在道德与法治深度教学中，教师可以通过案例分析、角色扮演、模拟法庭等方式，营造具体的学习情境，让学生在实际情境中应用所学知识，从而更好地理解和建构道德与法治知识。③合作与交互：建构主义理论鼓励合作学习和交互式学习。在道德与法治教学中，教师可以设计小组讨论、合作项目，让学生通过与他人的交流和合作来建构道德与法治知识，从而促进对知识的深入理解。④反思与批判性思维：建构主义理论注重学生的反思和批判性思维。在道德与法治深度教学中，教师可以通过提出挑战性问题、引导学生分析和评价道德问题和法律案例，培养学生的批判性思维能力。⑤个性化学习：建构主义理论强调学习者的个体差异。在道德与法治教学中，教师可以采用个性化教学方法，根据学生的兴趣、能力和学习风格，设计不同形式的学习任务和评价方式，以促进每个学生的道德与法治素养的发展。综上所述，建构主义理论在道德与法治深度教学中强调学习者的主动建构、情境化学习、合作与交互、反思与批判性思维，以及个性化学习。这些理论观点对于教师设计有效的道德与法治教学策略，促进学生的深入学习、道德素养和法治观念的培养具有重要的指导意义。

二、深度教学理念的提出

（一）深度教学理念与教材内容更为契合

深度教学理念的提出与部编版小学道德与法治教材的更新有着密切的联系。深度教学理念强调培养学生的批判性思维、问题解决能力和综合运用能力，而教材的更新则为实现深度教学提供了更为丰富和挑战性的内容。

首先，部编版小学道德与法治教材相较于旧教材内容更丰富，这为教师在教学中更好地贯彻深度教学理念提供了更多的选择和支持。丰富的内容意味着学生将接触到更多元化的知识和信息，这为教师在教学中引导学生进行探究式学习、讨论和思辨等方面提供了更多的素材和话题。①探究式学习：丰富的教材内容为教师提供了更多的话题和案例，可以帮助学生进行探究式学习。教师可以引导学生选择感兴趣的话题展开深入的研究和探讨，从而培养他们的独立思考和问题解决能力。②讨论和思辨：丰富的教材内容为教师提供了更多的素材，可以用于引发学生的讨论和思辨。教师可以设计各种情境，让学生在讨论中学会尊重他人观点，培养批判性思维和团队合作能力。③多元化的知识和信息：丰富的内容意味着学生将接触到更多元化的知识和信息，这有助于拓宽学生的视野，培养他们的综合素养和跨学科思维能力。④深入理解与应用：丰富的内容为学生提供了更多的学习机会，可以帮助他们更深入地理解道德与法治知识，并将其应用到实际生活中。教师可以通过案例分析和角色扮演等方式，让学生在实际情境中应用所学知识，从而更好地理解和建构道德与法治知识。⑤个性化学习：丰富的内容为教师提供了更多的选择，可以根据学生的兴趣和能力设计个性化的学习任务，促进每个学生的学习和成长。综上所述，丰富的教材内容为教师在教学中更好地贯彻深度教学理念提供了更多的选择和支持。教师可以借助丰富的内容，引导学生进行探究式学习、讨论和思辨，拓宽学生的知识视野，培养学生的批判性思维和问题解决能力，促进学生的深入学习和全面发展。

其次，在新教材中国情和法律相关知识的增加导致教材难度增加，这也意味着学生需要更深入地理解和运用这些知识。在深度教学理念的指导下，教师可以通过引导学生深入思考、展开讨论和实际案例分析等方式，帮助学生更好地理解和应用这些复杂的国情和法律知识，从而培养他们的批判性思维和问题解决能力。① 深入思考与讨论：教师可以通过提出引导性问题，激发学生的思考和讨论，帮助他们深入理解和思考国情和法律相关知识。通过讨论，学生可以从多个角度思考问题，培养批判性思维和分析能力。②实际案例分析：教师可以引入真实的案例，让学生进行深入分析和讨论。通过案例分析，学生可以将抽象的法律知识与实际情境相联系，促进对知识的深入理解和应用。③跨学科思维：涉及国情和法律相关知识的增加需要学生具备跨学科思维能力。教师可以引导学生将道德与法治知识与历史、政治、社会等学科相联系，帮助他们全面理解国情和法律知识的复杂性。④培养问题解决能力：通过引导学生深入思考和讨论复杂的国情和法律问题，教师可以培养学生的问题解决能力和批判性思维。学生在实际案例分析中，需要运用所学知识解决问题，从而培养实际运用知识的能力。⑤培养综合素养：深度教学理念强调培养学生的综合素养，包括批判性思维、跨学科思维、解决问题的能力等。通过深入地理解和运用国情和法律相关知识，学生可以培养这些综合素养，为未来的学习和生活打下坚实的基础。综上所述，新教材中涉及国情和法律相关知识的增加导致教材难度增加，但在深度教学理念的指导下，教师可以通过引导学生深入思考、展开讨论和实际案例分析等方式，帮助学生更好地理解和应用这些复杂的国情和法律知识，从而培养他们的批判性思维和问题解决能力。

总的来说，部编版小学道德与法治教材的更新为深度教学提供了更为丰富和挑战性的内容基础。教师可以充分利用教材中的多元化知识和复杂性内容，通过深入思考、探究式学习和问题解决等方式，引导学生进行深度学习，培养其综合运用能力和批判性思维。①多元化知识的丰富性：新教材提供了更多元化、更丰富的知识内容，涉及的国情和法律相关知识也更加复杂。这为教师提供了更多的选择和挑战，可以帮助学生拓宽知识视野，培养跨学科思维和综合素养。②深入思考与探究式学习：教师可以通过提出引导性问题，激发学生的思考和好奇心，引导他们进行深入思考和探究式学习。这种学习方式有助于培养学生的主动学习意识和问题解决能力。③问题解决与案例分析：教师可以引入真实案例，让学生进行深入分析和讨论，从而培养学生的问题解决能力和批判性思维。通过案例分析，学生可以将抽象的法律知识与实际情境相联系，促进对知识的深入理解和应用。④综合运用能力的培养：新教材的丰富和挑战性内容为教师提供了更多培养学生综合运用能力的机会。教师可以设计各种任务和项目，让学生在实际情境中应用所学知识，从而培养其综合运用能力和批判性思维。⑤培养批判性思维：通过引导学生深入思考和讨论复杂的国情和法律问题，教师可以培养学生的批判性思维和分析能力，使其具备独立思考和判断的能力。

综上所述，部编版小学道德与法治课教材的更新为深度教学提供了更为丰富和挑战性的内容基础。教师可以充分利用教材中的多元化知识和复杂性内容，通过深入思考、探究式学习和问题解决等方式，引导学生进行深度学习，培养其综合运用能力和批判性思维。

（二）深度教学理念着重培养学生综合素质

深度教学理念的提出标志着教育目标的转变，不再仅仅注重课本知识的传授，而更加重视学生的综合素质发展，其中包括创新思维的培养和学生学习动机的培养。

首先，深度教学注重培养学生的创新思维。传统的教学模式往往侧重于灌输知识，而深度教学强调培养学生的批判性思维、创造性思维和解决问题的能力。深度教学通过引导学生进行探究式学习、开展项目式任务、鼓励学生提出问题和寻找解决方案等方式，激发了学生的创新潜能，促进了他们思维能力的全面发展。

其次，深度教学理念重视学生学习动机的培养。学习动机是学生学习的内在驱动力，而培养学生的学习动机对于他们的学习成就和综合素质发展至关重要。深度教学通过设计富有挑战性和意义的学习任务、关注学生的兴趣和需求、提供积极的反馈和激励等方式，激发学生的学习兴趣和动机，使他们更加主动地参与学习，提高学习的效果和深度。

总的来说，深度教学不仅关注课本知识的传授，更重视学生的综合素质发展，包括创新思维的培养和学生学习动机的培养。深度教学理念通过培养学生的创新思维和学习动机，为学生的综合素质发展提供了更为全面和有效的支持，有助于他们成为具有批判性思维、创造性思维和自主学习能力的终身学习者。

（三）深度教学理念适应新时代教学需要

传统教学方式难以适应难度较大的新教材的需要，而深度教学与小学道德与法治课程之间的有效连接，能够满足新时代师生的教学需求，是走出教学困境的必然选择。

首先，随着教材内容的更新和难度的增加，传统的教学方式可能无法有效地帮助学生理解和掌握新的知识。深度教学强调培养学生的批判性思维、问题解决能力和综合运用能力，这与新教材的需求相契合。通过深度教学的方式，教师可以引导学生进行探究式学习、开展项目式任务、鼓励学生提出问题和寻找解决方案，帮助他们更好地理解和应用新的知识，从而应对教材难度的增加。

其次，小学道德与法治课程作为培养学生社会责任感和法治意识的重要课程，需要更多关注学生的综合素质发展，而不仅仅是课本知识的传授。深度教学理念注重培养学生的创新思维和学习动机，强调学生的主动参与和深度思考，有利于培养学生的社会责任感和法治意识，促进他们的综合素质发展。

最后，深度教学能够满足新时代师生的教学需求，因为它更加符合学生的认知特点和学习方式，有利于激发学生的学习兴趣和动机，提高他们的学习积极性和学习效果。在新时代的教学背景下，深度教学理念能够帮助教师更好地应对教学挑战，满足学生的学习需求，是走出教学困境的必然选择。

综上所述，深度教学与小学道德与法治课程之间的有效连接，能够帮助教师更好地应对新教材难度的增加，满足学生的综合素质发展需求，是走出教学困境的必然选择。通过深度教学的方式，教师可以更好地引导学生理解和应用新的知识，培养学生的创新思维和学习动机，促进他们的综合素质发展。

第三节 核心素养导向的小学道德与法治深度教学的特征

一、核心素养的概念

（一）核心素养概念的起源

"核心素养"这一概念得到广泛认可的是经济合作组织（OECD）于2003年发布的《为了成功人生和健全社会的核心素养》报告，其中提出的"素养的界定与避选:理论和概念基础"（简称DeSeCo）下的研究项目和欧盟的核心素养框架研究。这两种研究都着重关注人在社会发展中为了解决复杂情境所必备的个人特质。这些特质不仅能够推动个体的不断进步，也能促进社会的不断发展。

这些研究项目的目的在于界定和强调人类在现代社会中所需具备的核心素养，以应对日益复杂和多变的社会环境。它们强调了学科素养、生活素养和能力素养的重要性，旨在培养个体在各个领域中都能够具备的基本知识、技能和态度。

这些研究的成果不仅对教育领域有着深远的影响，也为社会发展提供了重要的参考。通过培养和强调核心素养，人们可以更好地适应社会变革，促进个体的全面发展和社会的持续进步。因此，国外核心素养研究对于全球范围内的教育改革和社会发展都具有重要意义。

（二）核心素养在我国的发展

2014年，教育部发布的《关于全面深化课程改革落实立德树人根本任务的意见》中，将核心素养定义为学生应具备的，能够适应终身发展和社会发展需要的必备品格和关键能力，充分说明了核心素养所包含的两个关键方面。基于这份指导文件，由北京师范大学等多所高校的近百名研究人员组成联合课题组对此方向展开研究。2016年发布的研究成果

《中国学生发展核心素养》中将核心素养分为三个方面，分别是文化基础、自主发展和社会参与，以及六个素养，包括人文底蕴、科学精神、学会学习、健康生活、责任担当和实践创新。

这些研究成果的发布标志着我国在核心素养领域的深入探索和实践，为教育改革和学生发展提供了重要的理论支撑和实践指导。在这一研究框架下，教育部门和学校可以更好地制定课程和教学方案，促进学生全面素质的培养和发展。同时，这也为教师提供了更加明确的指导，帮助他们更好地引导学生，培养学生的核心素养，从而更好地适应社会发展的需要，实现个体和社会的共同进步。

（三）核心素养的概念

核心素养是指学生在学习和生活中所需具备的基本素养和能力，它包括了学科素养、生活素养和能力素养等多个方面。核心素养的培养旨在帮助学生在不同领域中都能够具备基本的知识、技能和态度，以应对未来的挑战和需求。

首先，学科素养是核心素养的重要组成部分，它包括了对各学科知识的理解和应用能力。例如，在小学道德与法治深度教学中，学科素养要求学生能够理解基本的道德与法治知识，能够运用这些知识分析问题、解决问题，并形成自己的价值观和法治意识。

其次，生活素养是核心素养的另一个重要方面，它包括了学生在日常生活中所需的道德品质、社会责任感和健康生活方式等。在小学道德与法治深度教学中，生活素养要求学生能够树立正确的道德观念，具备良好的社会交往能力，理解并尊重他人，同时也要具备健康的生活方式和积极的心态。

最后，能力素养是核心素养的重要组成部分，它包括了学生在学习和生活中所需的各种能力，如批判性思维、创新能力、沟通能力、合作能力等。在小学道德与法治深度教学中，能力素养要求学生能够运用批判性思维分析道德与法治问题，具备解决问题的能力，同时也要具备与他人合作、进行有效沟通的能力。

总的来说，核心素养是学生在学习和生活中所需具备的基本素养和能力，包括学科素养、生活素养和能力素养等多个方面。在小学道德与法治深度教学中，培养学生的核心素养意味着不仅要传授知识，还要注重培养学生的道德品质、社会责任感和各种能力，以帮助他们成为全面发展的人才。

二、核心素养在道德与法治学科中的概念

2022 年，教育部发布《义务教育道德与法治课程标准（2022 年版）》（以下简称"新课标"），将核心素养定义为："核心素养是课程育人价值的集中体现，是学生通过课程学习逐步形成的正确价值观、必备品格和关键能力。"新课标将新时代学生需要培养的核心素养分为五大方面：政治认同、道德修养、法治观念、健全人格、责任意识。并对这些方面一一做出解释，具体如下：

（一）政治认同

政治认同是社会主义建设者和接班人必须具备的思想前提，首先是政治方向，即明确中国共产党的核心领导地位。这意味着小学生应当在道德与法治课程中明白并接受中国共产党作为国家的领导力量，了解党的历史和党的核心价值观，这有助于培养学生对中国特色社会主义的认同感和对党的信任，使他们能够在成长过程中树立正确的政治方向，为社会主义建设者和接班人的角色奠定思想基础。此外，政治认同还包括充分认识中国共产党领导是中国特色社会主义最本质的特征。在小学道德与法治课上，教育应当引导学生学习中国特色社会主义的最本质特征，明白社会主义制度的优势所在，以及中国共产党领导下的国家发展和进步。这有助于学生树立正确的政治认识，增强对社会主义制度的认同感，培养对国家发展的责任感和使命感。因此，小学道德与法治课应当通过教育引导学生明确中国共产党的核心领导地位，充分认识中国共

产党领导是中国特色社会主义最本质的特征，以及中国特色社会主义制度的最大优势，从而培养学生正确的政治认同，使他们成为社会主义建设者和接班人。

政治认同主要分为三个方面：

1.政治方向

在小学道德与法治课的政治认同核心素养中，政治方向是一个重要方面。首先，学生需要深刻认识中国共产党在中国特色社会主义制度中的核心地位，以及中国特色社会主义最本质的特征。这包括对中国共产党领导地位的历史渊源、政治地位、使命与责任等方面的理解，从而树立正确的政治观念和立场。其次，学生需要坚定拥护中国共产党的领导，坚持中国特色社会主义道路，贯彻习近平新时代中国特色社会主义思想。这需要通过教育引导，让学生深刻理解中国共产党的领导地位对中国特色社会主义道路和制度的重要性，从而增强对中国共产党的信仰和信念。最后，习近平新时代中国特色社会主义思想是当代中国马克思主义、二十一世纪马克思主义，是中华文化和中国精神的时代精华。在道德与法治学科中，学生需要通过教育引导，深入学习和理解习近平新时代中国特色社会主义思想，将其内化为自己的精神追求和行为准则。因此，政治方向的核心素养在道德与法治学科中的概念，对于学生树立正确的政治观念，坚定政治信仰，以及传承和发展时代精华具有重要意义。通过深入的教育引导和学习实践，学生能够在道德与法治学科中获得政治方向的核心素养，为其成为德智体美劳全面发展的社会主义建设者和接班人奠定坚实基础。

2.价值取向

在小学道德与法治课的政治认同核心素养中，价值取向是一个重要方面。它包括践行和弘扬社会主义核心价值观，坚定共产主义远大理想和中国特色社会主义共同理想，以及增进中华民族价值认同和文化自信。首先，践行和弘扬社会主义核心价值观是小学道德与法治课程的重要内容。通过教育引导，学生应当了解并内化社会主义核心价值观，即富强、民主、文明、和谐、自由、平等、公正、法治、爱国、敬业、诚信、友善等。教育应当帮助学生明白这些价值观对于社会的重要性，引导他们在日常生活中践行这些价值观，培养良好的道德品质和社会责任感。其次，坚定共产主义远大理想和中国特色社会主义共同理想是培养学生正确的人生观和价值观的重要内容。小学生在道德与法治课上应当了解共产主义远大理想和中国特色社会主义共同理想的内涵，明白这些理想对于国家和社会的重要意义，从而树立正确的人生目标和追求，培养对国家和社会的热爱和责任感。最后，增进中华民族价值认同和文化自信也是价值取向的重要方面。在小学道德与法治课上，学生应当了解中国传统文化的精髓和中华民族的伟大历史，增强对中华民族的认同感和自豪感。同时，也应当培养学生对中国特色社会主义文化的自信心，使他们在成长过程中能够自觉维护和传承中华民族的优秀传统和文化，为实现中华民族伟大复兴贡献力量。因此，小学道德与法治课应当通过教育引导学生践行和弘扬社会主义核心价值观，坚定共产主义远大理想和中国特色社会主义共同理想，增进中华民族价值认同和文化自信，从而培养学生正确的价值取向，使他们成为社会主义建设者和接班人。

3.家国情怀

在小学道德与法治课的政治认同核心素养中，家国情怀是一个至关重要的方面。家国情怀包括对家庭、家乡、祖国和中华民族的情感认同，以及自觉铸牢中华民族共同体意识，有以实现中华民族伟大复兴为己任的使命感。首先，对家庭有深厚的情感是培养学生家国情怀的基础。在小学道德与法治课上，教育应当引导学生珍爱家庭，尊重父母，培养孝道传统，促进家庭和睦和谐。这有助于孩子们建立健康的人际关系，增强责任感和家庭情感，为培养他们的家国情怀奠定基础。其次，热爱家乡、热爱伟大祖国和热爱中华民族是培养学生家国情怀的重要内容。通过教育引导，学生应当了解自己的家乡和祖国的历史、文化和风土人情，培养对家乡和祖国的热爱之情，增强对中华民族的认同感和自豪感，从而形成对祖国和中华民族的深厚情感。最后，自觉铸牢中华民族共同体意识，有以实现中华民族伟大复兴为己任的使命感是培养学生家国情怀的高级阶段。小学道德与法治课应当引导学生认识到自己是中华民族伟大复兴的一分子，激发他们的责任感和使命感，培养他们为实现中华民族伟大复兴而努力奋斗的意识和行动。

因此，小学道德与法治课应当通过教育引导学生对家庭有深厚的情感，热爱家乡，热爱伟大祖国，热爱中华民族，自觉铸牢中华民族共同体意识，有以实现中华民族伟大复兴为己任的使命感，从而培养学生正确的家国情怀，使他们成为社会主义建设者和接班人。

（二）道德修养

在道德与法治学科中，核心素养的一个重要方面是道德修养。道德修养是指养成良好的道德品质和行为习惯，把道德规范内化于心、外化于行。首先，培育学生的道德修养对其成长发展和社会责任感具有重要意义，通过培育学生的道德修养，可以帮助他们从感性体验中逐步认识和理解道德规范的重要性和意义，从而形成自觉遵守道德规范的理性认知。其次，培育学生的道德修养有助于传承中华民族传统美德，如孝顺、诚信、礼仪等，同时弘扬民族精神和时代精神，让学生树立正确的价值观念和行为准则。再次，通过培育学生的道德修养，可以增强学生的民族自豪感和责任感，让他们明大德、守公德、严私德，为维护国家利益和安全作出积极贡献。最后，发展良好的道德行为，培育学生的道德修养有助于形成健全的道德认知和道德情感，让学生在日常生活和学习中展现良好的道德行为，为社会建设和发展作出积极贡献。道德修养是立身成人之本，分为四个方面：

1.个人品德

个人品德在小学道德与法治课的核心素养中具有重要意义。践行以爱国奉献、明礼遵规、勤劳善良、宽厚正直、自强自律为主要内容的道德要求，是培养学生优良品行和个人美德的关键。

首先，爱国奉献是培养学生个人品德的重要内容之一。在小学道德与法治课上，教育应当引导学生热爱祖国，关心国家大事，培养爱国情怀和奉献精神，让他们在日常生活中树立正确的爱国观念。

其次，明礼遵规是培养学生个人品德的重要基础。学生应当在日常生活中养成良好的行为举止，尊重师长，遵守社会公德和规范，树立正确的礼仪观念。

再次，勤劳善良、宽厚正直、自强自律是培养学生个人品德的重要内容。教育应当引导学生树立勤劳善良的品格，培养宽厚正直的为人处世之道，以及自强自律的自我要求，使他们在成长过程中形成积极向上的人生态度。

最后，养成诚实守信、团结友爱、热爱劳动等个人美德是培养学生个人品德的关键。学生应当在日常生活中树立诚实守信的品质，乐于团结友爱，热爱劳动，形成积极向上的人格特质。

因此，小学道德与法治课应通过教育引导学生践行以上道德要求，培养他们的个人品德，使他们成为有益于社会、有责任感的社会主义建设者和接班人。

2.家庭美德

家庭美德在小学道德与法治课的核心素养中扮演着重要的角色。践行以尊老爱幼、男女平等、勤劳节俭、邻里互助为主要内容的道德要求，有助于培养学生成为家庭的好成员，形成健康和和睦的家庭关系。

首先，尊老爱幼是培养学生家庭美德的重要内容之一。通过教育引导，学生应当学会尊敬长辈，关爱弱势群体，培养出孝顺和关爱的品质，使他们在家庭中建立和谐的亲子关系。

其次，男女平等是培养学生家庭美德的重要内容之一。学生应当了解男女平等的重要性，尊重家庭成员的权利，树立正确的性别观念，促进家庭成员之间的平等和谐。

此外，勤劳节俭和邻里互助是培养学生家庭美德的重要内容。学生应当在日常生活中树立勤劳节俭的观念，珍惜家庭资源，培养良好的生活习惯。同时，学生还应当了解邻里互助的重要性，乐于与邻里互助，促进邻里关系的和谐发展。

因此，小学道德与法治课应通过教育引导学生践行尊老爱幼、男女平等、勤劳节俭、邻里互助等家庭美德，培养他们成为家庭的好成员，为家庭和睦和社会稳定作出贡献。

3.社会公德

社会公德在小学道德与法治课的核心素养中具有重要意义。践行以文明礼貌、相互尊重、助人为乐、爱护公物、保护环境、遵纪守法为主要内容的道德要求，有助于培养学生成为社会的好公民，促进社会和谐稳定。

首先，文明礼貌和相互尊重是培养学生社会公德的重要基础。学生应当在日常生活中树立良好的社会交往习惯，尊重他人，保持文明礼貌，促进社会交往的和谐发展。

其次，助人为乐是培养学生社会公德的重要内容之一。教育应当引导学生乐于助人，培养出乐于奉献的品质，使他们在成长过程中形成互助互爱的社会风气。

此外，爱护公物、保护环境和遵纪守法也是培养学生社会公德的重要内容。学生应当了解公物的重要性，爱护公共资源，保护环境，自觉遵守社会规范和法律法规，促进社会秩序的稳定和发展。

因此，小学道德与法治课应通过教育引导学生践行以上道德要求，培养他们的社会公德，使他们成为尊重他人、乐于助人、爱护环境、遵纪守法的社会好公民，为社会和谐稳定作出积极贡献。

4.职业道德

职业道德在小学道德与法治课的核心素养中具有重要意义。树立劳动不分贵贱的观念，理解以爱岗敬业、诚实守信、办事公道、热情服务、奉献社会为主要内容的职业道德，有助于培养学生成为未来的建设者，树立正确的职业观念和态度。

首先，树立劳动不分贵贱的观念是培养学生职业道德的重要基础。教育应当引导学生认识到各种劳动的重要性，树立正确的劳动观念，尊重一切劳动，培养勤劳的品质。

其次，爱岗敬业、诚实守信、办事公道、热情服务、奉献社会是培养学生职业道德的重要内容之一。学生应当了解职业责任，热爱自己的工作岗位，尽职尽责，做到诚实守信，办事公道，热情服务，为社会作出积极的贡献。

因此，小学道德与法治课应通过教育引导学生树立正确的职业观念，践行爱岗敬业、诚实守信、办事公道、热情服务、奉献社会等职业道德要求，使他们在未来的工作生涯中成为有责任感、有担当的建设者，为社会的发展进步贡献力量。

（三）法治观念

培育学生的法治观念在道德与法治学科中具有重要意义，这一观念是指树立宪法法律至上、法律面前人人平等、权利义务相统一的理念，使尊法学法守法用法成为人们的共同追求和自觉行为。培育学生的法治观念有助于他们形成法治信仰和维护公平正义的意识，成为社会主义法治的忠实崇尚者、自觉遵守者、坚定捍卫者。培育学生的法治观念需要让他们深刻理解宪法法律的重要性和权威性，树立宪法法律至上的观念，自觉遵守法律，维护法律的尊严和权威。通过教育引导，学生应当树立法律面前人人平等的观念，认识到法律的公正性和普适性，不论社会地位、财富状况等因素，每个人在法律面前都应当平等。学生需要理解权利与义务相统一的法治理念，即在享有权利的同时，也要履行相应的法定义务，形成正确的法治意识和行为习惯。法治观念是行为的指引，分为五个方面：

1. 宪法法律至上

小学道德与法治课的核心素养之一是理解宪法法律至上的原则。宪法在法律体系中具有最高的权威，任何个人和组织都必须遵守宪法和法律，尊崇宪法和法律。这一原则对培养学生的法治观念和法律意识至关重要。

首先，学生应当理解宪法在法律体系中的地位和作用。他们需要明白宪法是国家的根本法律，具有最高的法律效力，其他法律都必须以宪法为依据并与其保持一致。

其次，学生需要明白任何个人和组织都必须遵守宪法和法律。无论是公民还是机构，都必须遵守国家的宪法和法律，履行自己的法律责任，维护国家法制的权威和尊严。

最后，学生应当尊崇宪法和法律。这意味着他们应当尊重法律，认识到法律对于社会秩序和公正的重要性，自觉遵守法律，同时也应当学会运用法律保护自己的权益和维护社会的公共利益。

因此，小学道德与法治课应通过教育引导学生理解宪法至上的原则，培养他们尊重法律、遵守法律、维护法律的意识，使他们成为具有良好法治观念的公民，为社会的法治建设和发展作出积极贡献。

2. 法律面前人人平等

小学道德与法治课的核心素养之一是了解法律面前人人平等的原则。这一原则要求学生了解公民的合法权益一律平等地受到法律保护，对任何人的违法犯罪行为都要依法予以追究，不允许任何人有超越法律的特权。这对培养学生的法治观念和公平正义观念至关重要。

首先，学生应当理解公民的合法权益一律平等地受到法律保护。无论个人的社会地位、财富状况、种族、性别等因素，法律都应当平等地保护每个公民的合法权益，保障每个人在法律面前的平等地位。

其次，学生需要明白对任何人的违法犯罪行为都要依法予以追究。法律不分贵贱，对任何人的违法犯罪行为都应当依法追究责任，维护社会的公平正义，保障公民的合法权益。

最后，学生应当了解不允许任何人有超越法律的特权。不论个人的身份和地位如何，都不应当超越法律的限制，任何人都应当在法律的约束下行使权利，承担责任。

因此，小学道德与法治课应通过教育引导学生了解法律面前人人平等的原则，培养他们尊重法律、维护公平正义的意识，使他们成为具有公平正义观念的公民，为社会的公正发展和法治建设作出积极贡献。

3.权利义务相统一

小学道德与法治课的核心素养之一是理解权利义务相统一的原则。这一原则要求学生理解每个公民都享有宪法和法律赋予的权利，同时也必须履行宪法和法律规定的义务。这对培养学生的法治观念、责任意识和公民素养具有重要意义。

首先，学生应当理解每个公民都享有宪法和法律赋予的权利。这包括言论自由、人身权、财产权等基本权利，以及投票权、教育权等公民在社会生活中应当享有的权利。

其次，学生需要明白每个公民也必须履行宪法和法律规定的义务。这些义务包括遵守法律、维护社会秩序、尊重他人权利、参与社会责任等，公民在享有权利的同时也需要承担相应的社会责任和义务。

最后，学生应当意识到权利与义务的相统一。只有当每个公民在行使自己的权利的同时，也能够履行相应的义务，才能构建一个和谐、稳定的社会环境。

因此，小学道德与法治课应通过教育引导学生理解权利义务相统一的原则，培养他们尊重法律、承担社会责任的意识，使他们成为具有良好公民素养的公民，为社会的和谐发展和法治建设作出积极贡献。

4.守法用法意识和行为

小学道德与法治课的核心素养之一是守法用法意识和行为。这包括了解以民法典为代表的、与日常生活以及未成年人保护密切相关的法律法规，树立法治意识，养成守法用法的思维方式和行为习惯。这对培养学生的法治观念、法律意识和行为规范具有重要意义。

首先，学生应当了解民法典等与日常生活以及未成年人保护密切相关的法律法规。这包括了解民法典中关于人格权、婚姻家庭、继承等方面的规定，以及未成年人权益保护法律法规等，使他们能够在日常生活中更好地理解和应用法律。

其次，学生需要树立法治意识，意识到法律对于社会秩序和个人权益的重要性，明白法律是保护自己和他人的重要手段，应当尊重并遵守法律。

最后，学生应当养成守法用法的思维方式和行为习惯。这意味着他们需要在日常生活中自觉遵守法律，尊重法律，培养正确的行为规范和法治意识，从小树立守法用法的思维方式和行为习惯。

因此，小学道德与法治课应通过教育引导学生了解相关法律法规，树立法治意识，养成守法用法的思维方式和行为习惯，使他们在日常生活中能够自觉遵守法律，树立正确的法治观念，为自身和社会营造更加和谐、安定的法治环境作出积极贡献。

5.生命安全意识和自我保护能力

小学道德与法治课核心素养中的法治观念之一是生命安全意识和自我保护能力。这一概念要求学生了解和识别可能危害自身安全的行为，具备自我保护意识，掌握基本的自我保护方法，以预防和远离伤害。这对培养学生的安全意识和自我保护能力至关重要。

首先，学生需要了解和识别可能危害自身安全的行为。这包括在日常生活中面临的各种潜在危险，如交通安全、火灾、溺水、网络安全等，学生需要学会识别这些危险行为和场景。

其次，学生应具备自我保护意识，意识到自己的安全责任和权利。他们需要明白自我保护是每个人的基本权利，应当学会保护自己免受伤害。

接着，学生需要掌握基本的自我保护方法，包括如何应对突发事件、如何避免危险、如何寻求帮助等基本技能。

最后，学生应当学会预防和远离伤害，通过正确的行为和决策来保护自己的安全，避免危险的发生。

因此，小学道德与法治课应通过教育引导学生了解和识别可能危害自身安全的行为，培养他们的自我保护意识和能力，使他们能够在面临危险时做出正确的判断和行动，保护自己的生命安全。

（四）健全人格

健全人格是指具备正确的自我认知、积极的思想品质和健康的生活态度。培育学生的健全人格，有助于他们正确认识自我、学会学习、学会生活、学会合作，养成积极的心理品质，提高适应社会、应对挫折的能力。

健全人格是身心健康的体现，具体分为四个方面：

1.自尊自信

小学道德与法治课核心素养中关于健全人格的概念之一是自尊自信。这一概念要求学生正确认识自己，珍爱生命，能够自我调节和管理情绪，具备乐观开朗、坚韧弘毅、自立自强的健康心理素质。这对培养学生的健康心理素质和积极人格特质具有重要意义。

首先，学生需要正确认识自己，理解自己的优点和特长，树立正确的自我价值观和自尊观。这有助于他们建立积极的自我形象，增强自尊心和自信心。

其次，学生应珍爱生命，意识到自己的生命具有独特的意义和价值，从而培养对生活的热爱和积极的生活态度。

接着，学生需要具备自我调节和管理情绪的能力，包括在面对挫折和困难时保持冷静、积极应对，以及在喜怒哀乐中保持情绪平衡。

最后，学生应具备乐观开朗、坚韧弘毅、自立自强的健康心理素质，这些素质有助于他们在成长过程中更好地适应各种挑战和压力，培养积极向上的人生态度。

因此，小学道德与法治课应通过教育引导学生正确认识自己、珍爱生命，培养他们的自我调节能力和健康心理素质，使他们在成长过程中能够拥有积极向上的人生态度和健全的人格。

2.理性平和

小学道德与法治课核心素养中关于健全人格的概念之一是理性平和。这一概念要求学生开放包容，理性表达意见，树立正确的合作与竞争观念，能够换位思考，学会处理与家庭、他人、集体和社会的关系。这对培养学生的人际交往能力、合作意识和社会责任感具有重要意义。

首先，学生需要具备开放包容的心态，尊重不同的意见和观点，乐于接纳多样性，培养理解和包容他人的能力。

其次，学生应当能够理性表达意见，学会用适当的方式和语言表达自己的看法，尊重他人的意见，培养争论和讨论问题的理性态度。

接着，学生需要树立正确的合作与竞争观念，明白合作和竞争在社会生活中的重要性，学会在合作中团结他人，在竞争中尊重规则和对手。

最后，学生应当能够换位思考，设身处地地理解他人的感受和立场，培养同情心和善良的品质，学会尊重和关心他人。

因此，小学道德与法治课应通过教育引导学生开放包容，理性表达意见，培养他们的合作意识和社会责任感，使他们能够在与家庭、他人、集体和社会的关系中表现出理性平和的态度，促进和谐的人际关系和社会环境的形成。

3.积极向上

小学道德与法治课核心素养中关于健全人格的概念之一是积极向上。这一概念要求学生能够有效学习，主动适应社会环境，确立符合国家需要和自身实际的健康生活目标，热爱生活，积极进取，具有适应变化、不怕挫折、坚韧不拔的意志品质。这对培养学生的学习能力、适应能力和积极人生态度具有重要意义。

首先，学生需要具备有效学习的能力，掌握良好的学习方法和习惯，培养自主学习的意识，为将来的发展打下坚实的基础。

其次，学生应当能够主动适应社会环境，包括学会与他人合作、适应新的学习和生活环境，培养应对变化的能力。

再次，学生需要确立符合国家需要和自身实际的健康生活目标，明确自己的学习和生活目标，树立正确的人生导向，为未来的发展制订合理的计划。

最后，学生应当热爱生活，积极进取，具有适应变化、不怕挫折、坚韧不拔的意志品质，这些品质有助于他们在面对困难和挑战时保持乐观、积极的态度，勇往直前。

因此，小学道德与法治课应通过教育引导学生培养有效学习能力、适应能力和积极人生态度，使他们能够在学习和生活中表现出积极向上的品质，为未来的成长和发展奠定坚实的基础。

4.友爱互助

小学道德与法治课核心素养中关于健全人格的概念之一是友爱互助。这一概念要求学生真诚、友善，拥有同理心，相互支持，相互帮助，具有互助精神。这对培养学生的人际交往能力、同理心和社会责任感具有重要意义。

首先，学生需要学会真诚和友善地对待他人，培养良好的人际交往习惯，建立和谐的人际关系。

其次，学生应当拥有同理心，能够站在他人的角度去理解和关心他人，培养善良、宽容的品质，促进良好的人际关系。

再次，学生需要相互支持、相互帮助，建立团结互助的集体意识，学会在困难时给予他人帮助，并且在需要时主动寻求帮助。

最后，学生应当具有互助精神，愿意为集体、为社会作出贡献，培养责任感和社会意识。

因此，小学道德与法治课应通过教育引导学生培养友爱互助的品质，使他们能够在与他人相处时表现出真诚友善、具有同理心和互助精神，促进和谐的人际关系和社会环境的形成。

培育学生的健全人格，有助于他们正确认识自我、学会学习、学会生活、学会合作，养成积极的心理品质，提高适应社会、应对挫折的能力。

（五）责任意识

培育学生的责任意识在道德与法治学科中具有重要意义。责任意识是指具备承担责任的认知、态度和情感，并能转化为实际行动。培育学生的责任意识有助于他们提升对自己、家庭、集体、社会、国家和人类的责任感，增强担当精神和参与能力。责任意识是担当民族复兴大任时代新人的内在要求。学生需要意识到自己对个人行为和决策的责任，包括对自己的学业、生活和发展负责，以及对自己的行为后果负责。同时培养学生对家庭、集体和社会的责任感，包括尊重和关爱家人，积极参与集体活动，为社会贡献力量。通过学习，学生需要意识到对国家和人类的责任感，包括为国家繁荣稳定作出贡献，关注全球环境和人类命运，积极参与国际事务。这些责任意识的培养有助于学生成长为具有担当精神和参与能力的时代新人，为民族复兴和社会进步贡献力量。具体分为三个方面：

1.主人翁意识

小学道德与法治课核心素养中关于责任意识的概念之一是主人翁意识。这一概念要求学生对自己负责，关心集体，关心社会，关心国家，维护祖国统一和国家安全，具备国家利益高于一切的观念。这对培养学生的社会责任感、集体荣誉感和国家意识具有重要意义。

首先，学生需要对自己负责，意识到自己的言行举止会影响到集体和社会，培养自律意识和责任感。

其次，学生应当关心集体，意识到个人的利益和集体的利益是相互关联的，学会为集体荣誉和利益作出贡献。

接着，学生需要关心社会，了解社会的发展和变化，积极参与社会实践活动，为社会的进步和发展贡献力量。

最后，学生应当关心国家，维护祖国统一和国家安全，具备国家利益高于一切的观念，为维护国家的繁荣和安定贡献自己的力量。

因此，小学道德与法治课应通过教育引导学生培养主人翁意识，使他们能够在日常生活和学习中表现出对自己、对集体、对社会和国家负责的态度，为社会和国家的发展贡献自己的力量。

2.担当精神

小学道德与法治课核心素养中关于责任意识的概念之一是担当精神。这一概念要求学生具有为人民服务的奉献精神，积极参与志愿者活动、社区服务活动，热爱自然，践行绿色生活方式。这对培养学生的社会责任感、奉献精神和环保意识具有重要意义。

首先，学生需要具有为人民服务的奉献精神，意识到自己作为社会一员应当为社会、为人民作出贡献，乐于参与各种志愿者活动，为他人带来帮助和关爱。

其次，学生应当积极参与志愿者活动、社区服务活动，了解社会的需求，主动参与社区建设和社会公益事业，培养乐于助人的品质。

最后，学生需要热爱自然，意识到保护环境的重要性，学会节约资源，减少浪费，积极参与环保活动，践行绿色生活方式。

因此，小学道德与法治课应通过教育引导学生培养担当精神，使他们能够在日常生活和学习中表现出为人民服务的奉献精神，积极参与志愿者活动、社区服务活动，热爱自然，践行绿色生活方式，为社会的进步和发展贡献自己的力量。

3.有序参与

小学道德与法治课核心素养中关于责任意识的概念之一是有序参与。

这一概念要求学生具有民主与法治意识，守规矩，重程序，能够依规依法参与公共事务，根据规则参与校园生活的民主实践。这对培养学生的法治观念、民主意识和积极参与校园生活的能力具有重要意义。

首先，学生需要具有民主与法治意识，理解并尊重法律法规，遵守学校和社会的规章制度，培养守规矩的品质。

其次，学生应当重视程序，了解参与公共事务的规范流程，学会依规依法参与各项活动和决策，培养依法行事的意识。

接着，学生需要能够根据规则参与校园生活的民主实践，包括学生自治、班级民主管理等活动，培养学生的参与意识和团队合作精神。

因此，小学道德与法治课应通过教育引导学生培养有序参与的意识，使他们能够在学习和生活中表现出尊重法律法规、重视程序，依规依法参与公共事务，根据规则参与校园生活的民主实践，为个人成长和社会发展奠定坚实的基础。

三、核心素养导向的小学道德与法治深度教学的主要特征

核心素养导向的小学道德与法治深度教学的主要特征有以下几个方面：

（一）遵循新课标要求

核心素养导向的小学道德与法治深度教学具有一些显著特征：

1.符合新课标的元素

深度教学应当符合新课标的各项元素，包括教学内容、教学方法和评价体系。这意味着教学应当以学科知识和教学为基础，注重培养学生的核心素养，推进教学改革，确保教学的质量和有效性。

2.以学科知识和教学为载体

深度学习法能够与小学道德与法治学科的特点很好地融合。通过深入学习学科知识和教学内容，学生能够更好地理解道德与法治知识，同时培养批判性思维、问题解决能力和价值观念。

3.教学目标明确

深度教学应当明确教学目标，不仅包括学科知识的掌握，还包括核心素养的培养。通过深度教学，学生能够培养批判性思维、道德情感和社会责任感等核心素养。

4.教学过程注重互动与实践

深度教学注重学生的主动参与和实践体验。教师应当设计多样化的教学活动，引导学生通过讨论、角色扮演、案例分析等方式深入学习和思考。通过实际案例的讨论和解决问题的实践，学生能够更好地理解和应用道德与法治知识，培养核心素养。

综上所述，核心素养导向的小学道德与法治深度教学遵循新课标要求，以学科知识和教学为载体，注重教学目标的明确和教学过程的互动与实践，从而促进学生核心素养的全面发展。

（二）注重综合素质培养

传统教学方式通常只注重学科知识的灌输，而深度教学则更注重培养学生的综合素质。在小学道德与法治学科中，核心素养所表现的综合能力包括：

1.保持正向良好心态

深度教学旨在培养学生积极的学习态度和良好的心理素质。学生需要学会应对挑战和困难，保持乐观、积极的心态，培养自信心和抗压能力。

2.培养创新思维

道德与法治学科的深度教学应当激发学生的创新思维，鼓励他们从不同角度思考问题，提出新颖的见解和解决方案，培养创造力和创新精神。

3.具有探究精神

深度教学应当培养学生对知识的主动探究和探索精神，鼓励他们提出问题、寻求答案，并在实践中不断完善自己的认识。

4.动手实践能力

深度教学强调学生的实践能力，需要学生通过实际操作、实践活动来巩固和应用所学知识，培养解决问题的实际能力。

综上所述，深度教学致力于培养学生的综合素质，包括保持正向良好心态、培养创新思维，对学习具有探究精神、动手实践能力。这些素质不仅对学生的学业发展有益，也对其未来的生活和社会参与具有重要意义。

（三）激发学习积极性

深度学习的教学过程强调通过教学活动激发学生的兴趣和探索精神，引发学生自主学习的渴望，并通过不断地吸取知识，构建完善自身知识体系。这种教学方法从逻辑上统一了教学与生活、知识与应用，并形成了密切的深度联结，帮助学生从多方面理解问题，明白学科的真正含义。在小学道德与法治深度教学中，这一教学方法的特征包括：

1.激发学生的兴趣和探索精神

深度学习强调通过生动的教学活动和案例分析激发学生的兴趣，引导他们对道德与法治问题展开探索和思考，从而增强他们的学习动力和主动性。

2.培养学生自主学习的渴望

深度学习鼓励学生自主学习，培养其对知识的渴望和求知欲，使他们愿意主动探索和学习新知识，形成积极的学习态度。

3.构建完善自身知识体系

通过深度学习，学生能够不断吸取知识，建立起完善的知识体系，并学会将所学知识应用到实际生活中，形成对道德与法治问题的系统性理解。

4.统一教学与生活、知识与应用

深度学习方法将教学与生活、知识与应用统一起来，帮助学生将所学知识与实际生活相联系，理解知识的实际意义和应用场景。

综上所述，深度学习的教学方法在小学道德与法治教育中能够激发学生的兴趣和探索精神，培养他们自主学习的渴望，构建完善的自身知识体系，使教学与生活、知识与应用形成密切的深度联结，帮助学生从多方面理解问题，明白学科的真正含义。

第四节　核心素养导向的小学道德与法治深度教学的基本准则

核心素养导向的小学道德与法治深度教学的基本准则有以下几个方面。

1.提升知识掌握的深度

道德与法治学科鉴于学科内容有着思想性、人文性等特点，对小学而言具有一定难度。在教学资源方面，基于学生发展核心素养的道德与法治课深度教学结合学科特点，深度分析挖掘教材的深层含义，从多角度展开进行讲解，提高教学效果。

基于核心素养导向的小学道德与法治深度教学的基本准则，针对道德与法治学科的教学，可以从以下几个方面进行详细论述：

首先，理解学科特点：道德与法治作为一门学科具有思想性、人文性等特点，对小学生而言确实具有一定的难度。因此，教师需要深入理解学科特点，结合学生的认知水平和心理特点，有针对性地设计教学内容和方法。

其次，教学资源的开发与利用：基于学生发展核心素养的道德与法治课深度教学需要充分开发和利用教学资源。这包括教材、多媒体资料、案例分析等，教师可以通过多样化的教学资源帮助学生更好地理解和掌握知识。

再次，深度分析教材的深层含义：在教学过程中，教师需要对教材进行深度分析，挖掘其中的深层含义。这意味着不仅要讲述表面的知识点，还要引导学生思考教材背后的价值观、社会意义等，帮助他们理解更深层次的道德与法治知识。

最后，多角度展开讲解：为了提高教学效果，教师可以从多个角度展开讲解，比如历史背景、案例分析、伦理道德等方面，帮助学生全面理解和把握知识。

综合来看，道德与法治学科在小学深度教学中需要教师充分理解学科特点，开发利用教学资源，深度分析教材，以及从多角度展开讲解，从而提高教学效果，促进学生对道德与法治知识的深度理解和掌握。

2.以学生为教学主题

在学生方面，基于学生发展核心素养的道德与法治课深度教学以学生为中心，充分分析学生的成绩、性格等，尊重学生之间的差异，符合小学生生长发展的客观规律，提供个性化教学。

基于核心素养导向的小学道德与法治深度教学的基本准则，针对学生方面的深度教学，道德与法治课程应以学生为中心，充分分析学生的成绩、性格等，尊重学生之间的差异，符合小学生生长发展的客观规律，提供个性化教学。以下是对这一观点的详细论述：

首先，尊重学生需求：深度教学应当以学生的需求和发展为出发点和落脚点，根据学生的认知水平、兴趣爱好、学习方式等因素，设计教学内容和方法，使之更符合学生的学习特点。

其次，尊重学生差异：教师在进行深度教学时，需要充分分析学生的成绩、性格等，充分了解学生的学习情况、性格特点、学习风格等，以便更好地制定个性化的教学计划和策略。每个学生都具有独特的个性和学习方式，教师应尊重学生之间的差异，鼓励他们发挥自己的优势，并为他们提供个性化的学习支持。

再次，符合小学生生长发展的客观规律：深度教学应当结合小学生的生理和心理发展规律，合理安排教学内容和方式，使之更符合小学生的认知水平和心理特点。

最后，提供个性化教学：基于学生发展核心素养的道德与法治课深度教学应当提供个性化的教学服务，根据学生的不同需求和特点，为他们量身定制教学方案，促进他们的全面发展。

综合来看，基于学生发展核心素养的道德与法治课深度教学应以学生为中心，充分分析学生的成绩、性格等，尊重学生之间的差异，符合小学生生长发展的客观规律，提供个性化教学，以促进学生对道德与法治知识的深度理解和全面发展。

3.逐步巩固构建知识体系

基于核心素养导向的小学道德与法治深度教学的基本准则，对于道德与法治课程的深度教学，可以根据小学生的生长发展特点，将学科知识的规律与学生发展的客观规律结合，逐步促进构建学生自身的知识体系。这种教学方法旨在巩固旧知识的同时，以联系的方式加入新知识，使学生能够逐步掌握该学科的重点难点。

举例来说，对于"依法行使权利"课文教学，教师可以先让学生理解权利的行使是有范围的，不得侵害国家、集体和其他公民的合法权益。随后，教师可以引导学生了解在现实生活中如何依法维护权利。这种教学方法有助于将抽象的法治知识与学生的日常生活联系起来，帮助他们更深入地理解法治原则，并将其运用到实际情境中。

这种教学方法还可以培养学生的批判性思维和实践能力，使他们不仅仅是被动接受知识，而是能够主动运用知识解决问题。通过逐步构建知识体系，学生可以更好地理解和应用道德与法治知识，同时也能够培养他们的综合素养和实践能力。

因此，基于学生发展核心素养的道德与法治课深度教学应当结合学科知识的规律与学生发展的客观规律，逐步促进构建学生自身的知识体系，从而帮助他们更好地理解和应用道德与法治知识。

4.以发展角度培养学生

基于核心素养导向的小学道德与法治深度教学的基本准则，针对以下材料，将进行详细论述：

基于学生发展核心素养的道德与法治课深度教学应以发展的角度看待学生，将学生学习、思维、综合素质的发展看成一个动态的过程。在培养学生核心素养的大前提下，不断丰富学生的教学内容、培养学生创新精神和思维能力，以及不断强化学生的动手实践能力。这种教学方法鼓励学生把知识转化为解决问题的能力，促进学生个人的发展。

　　首先，深度教学应当以发展的角度看待学生，理解他们的成长过程是一个动态的、持续的发展过程，注重培养学生的综合素质和核心素养，而不仅仅是传授知识。

　　其次，不断丰富学生的教学内容：教师应当不断丰富教学内容，使之更贴近学生的实际生活和成长需求，激发学生的学习兴趣，促进他们全面发展。

　　再次，培养学生创新精神和思维能力：深度教学应当注重培养学生的创新精神和思维能力，帮助他们更好地理解和运用道德与法治知识，培养他们解决问题的能力。

　　从次，强化学生的动手实践能力：通过实践活动和案例分析等方式，教师可以帮助学生强化动手实践能力，让他们在实际操作中更好地理解和应用所学知识。

　　最后，把知识转化为解决问题的能力：深度教学应当鼓励学生把所学知识转化为解决问题的能力，培养他们的综合素养和实践能力，使他们能够在面对现实问题时运用所学知识进行思考并加以解决。

　　综合来看，基于学生发展核心素养的道德与法治课深度教学应以发展的角度看待学生，不断丰富学生的教学内容、培养学生创新精神和思维能力，以及不断强化学生的动手实践能力，从而促进学生个人的发展和全面素养的提高。

第五节　核心素养导向的小学道德与法治深度教学实施的价值

核心素养导向的小学道德与法治深度教学实施的价值体现在以下几个方面。

1.核心素养导向的小学道德与法治深度教学是新时代育人的必然要求

深度教学是新时代小学道德与法治教学的必然要求，这一观点可以从以下几个方面进行详细论述：

首先，核心素养导向的小学道德与法治深度教学实施可以培养学生的批判性思维和创新能力。深度教学能够激发学生的批判性思维，帮助他们理解道德与法治知识背后的原理和逻辑，培养学生的创新能力，使他们能够在实际问题中运用所学知识进行思考和解决。

其次，核心素养导向的小学道德与法治深度教学实施可以培养学生的综合素养：深度教学注重培养学生的综合素养，不仅关注知识的传授，更注重学生的情感态度、价值观念和行为习惯的培养，使学生全面发展。

再次，核心素养导向的小学道德与法治深度教学实施可以帮助学生理解法治精神和社会责任。深度教学能够帮助学生更好地理解法治精神，明白法律对社会的重要性，树立正确的法治观念和社会责任感。

从次，核心素养导向的小学道德与法治深度教学实施可以促进学生的自主学习和批判性思考。深度教学通过引导学生自主学习和批判性思考，培养学生主动获取知识的能力，提高他们的学习兴趣和学习动力。

最后，核心素养导向的小学道德与法治深度教学实施可以适应社会发展的需求。随着社会的不断变革和发展，学生需要具备更多的综合素养和批判性思维能力，深度教学能够更好地满足这一需求。

综合来看，深度教学是新时代小学道德与法治教学的必然要求，它能够促进学生的全面发展，培养其综合素养和批判性思维能力，使其更好地适应社会发展的需求，树立正确的法治观念和社会责任感。

2.核心素养导向的小学道德与法治深度教学是提升教学效果的现实需要

核心素养导向的小学道德与法治深度教学是提升教学效果的现实需要，这一观点可以从以下几方面进行详细论述：

首先，核心素养导向的小学道德与法治深度教学实施可以培养学生的综合素养。核心素养导向的深度教学注重培养学生的综合素养，包括道德品质、法治意识、批判性思维等，使学生在学习道德与法治知识的同时，能够全面发展自身素养，提升综合素质。

其次，核心素养导向的小学道德与法治深度教学实施可以培养学生的创新能力和批判性思维。深度教学能够激发学生的创新能力和批判性思维，使他们能够理解道德与法治知识的内涵，运用所学知识解决实际问题，提升解决问题的能力。

再次，核心素养导向的小学道德与法治深度教学实施可以帮助学生树立正确的法治观念和社会责任感。通过深度教学，学生能够更好地理解法治的重要性，树立正确的法治观念和社会责任感，促进他们成为守法公民和社会责任感强的人。

从次，核心素养导向的小学道德与法治深度教学实施可以提高教学的针对性和实效性。核心素养导向的深度教学以学生为中心，充分考虑学生的发展特点和需求，因材施教，提高教学的针对性和实效性，使教学更加贴近学生的实际情况，提升教学效果。

最后，核心素养导向的小学道德与法治深度教学实施可以促进学生的自主学习和发展。深度教学鼓励学生的自主学习和思考，培养他们主动获取知识和解决问题的能力，促进学生的个人发展，提升教学效果。

综合来看，核心素养导向的小学道德与法治深度教学是提升教学效果的现实需要，它能够培养学生的综合素养、创新能力和批判性思维，帮助他们树立正确的法治观念和社会责任感，提高教学的针对性和实效性，促进学生的自主学习和发展。

3.核心素养导向的小学道德与法治深度教学是培养学生核心素养的重要方式

深度教学是培养学生核心素养的重要方式，因为它立足于小学生的身心发展规律，促进学生综合素质的提升和发展，同时利用多维度的视角，对教学知识进行深层解析，使知识整体化，便于学生记忆和理解，从而巩固学生的知识点。

首先，深度教学通过多维度的视角，能够帮助学生更全面地理解教学知识。传统的教学方法可能只是简单地传授知识点，而深度教学则能够从不同的角度对知识进行解析，使学生能够更深入地理解知识的内涵和逻辑，从而形成更为完整的知识体系。并根据小学生的认知特点和发展规律，设计更符合他们认知水平的教学内容和方式。通过深度教学，教师可以更好地理解学生的认知发展水平，因材施教，使教学内容更加贴近学生的实际需求，促进他们的认知发展。

其次，深度教学有助于知识整体化，使学生能够更好地记忆和理解知识点。通过将知识整合为一个完整的体系，学生可以更容易地将所学知识进行归纳和总结，从而提高对知识的掌握程度，巩固所学内容。

再次，深度教学与核心素养的培养目标相契合。深度教学能够促进学生的情感态度和价值观念的培养。通过深入的教学内容和案例分析，学生可以更好地理解道德与法治的重要性，树立正确的价值观念和社会责任感，促进学生的情感态度的健康发展，培养他们成为具有良好道德品质的公民。通过深层次的教学内容和案例分析，学生可以更好地理解道德与法治知识的内涵，培养批判性思维，激发创新能力，使他们能够更好地运用所学知识解决实际问题，促进核心素养的全面发展。

最后，深度教学还能够激发学生的批判性思维和创新能力。通过深层次的知识解析，学生可以更好地理解知识的本质和内在联系，培养批判性思维，激发创新能力，使他们能够更好地运用所学知识解决实际问题。

综合来看，深度教学作为培养学生核心素养的重要方式，因为它立足于小学生的身心发展规律，促进学生综合素质的提升和发展，也能够通过多维度的视角对教学知识进行解析，使知识整体化，便于学生记忆和理解，从而巩固学生的知识点。这种教学方式有助于提高学生对知识的掌握程度，培养其批判性思维和创新能力，是促进学生核心素养发展的重要途径。

第二章 小学道德与法治深度教学的现状与问题

第一节 目标设计的隔离化

核心素养导向的小学道德与法治深度教学存在目标设计的隔离化问题，这是一个影响教学效果和学生综合素养培养的关键问题。教学目标的隔离化主要表现在教学目标与学生实际需求和综合素养的培养之间存在脱节。传统的教学目标往往过分注重知识传授，而忽视了学生的情感态度、价值观念和行为习惯的培养。教学目标过于抽象，难以与学生的日常生活和成长需求相结合。这是因为教学目标制定时缺乏对学生实际情况的深入了解，或者是教学目标设置过于理想化，将其设置得过于抽象、宏大，而忽略了学生的实际接受能力和认知水平。这样的教学目标缺乏可操作性，难以在实际教学中得到有效落实。

一、目标设计的隔离化问题的具体表现

小学道德与法治教学的教学目标设计的隔离化主要表现在以下几个方面：

（一）目标设定分离

目标设定的分离在道德教育和法治教育中表现为教学目标的分开设

计，缺乏整体性和统一性。这种情况下，教育者可能在课程设计中将道德教育和法治教育的目标视为相互独立的实体，导致它们之间缺乏内在关联和互动。这种分离可能导致教学活动无法真正促进学生对道德与法治的深入理解，因为学生可能无法将道德准则与法律规定相结合，缺乏对二者之间相互关系的全面认识。为了克服这一问题，教育者可以重新审视教学目标，并设计综合性的课程，使道德教育和法治教育的目标相互交织、相辅相成。通过整合这两个领域的目标，教育者可以帮助学生理解道德与法治之间的内在联系，培养学生全面的思维能力和价值观，使他们能够在实际生活中更好地应对各种道德和法律问题。目标设定的分离具体表现为：

1.目标设定与实际脱节

在一些小学道德与法治深度教学中，教学目标可能脱离了实际的教学需求和学生的成长特点，只停留在理论层面的设定，缺乏与学生实际情况结合的针对性。

（1）在小学道德与法治深度教学中，教学目标的设定应当符合学生的认知水平和发展特点，但现实中存在一些问题导致目标设定与实际教学脱节。首先，教学目标的设定过于理论化，与学生实际水平脱节。有些教学目标过于抽象，难以与学生的实际认知水平对接，导致教学内容无法有效传达和理解。其次，教学目标的设定缺乏实际操作性。一些教学目标过于理论化，缺乏具体的操作指导，教师在实际教学中难以将目标落实到具体的教学活动中，导致目标无法有效实现。此外，教学目标设定与评价体系不匹配也是导致理论脱节的原因之一。教学目标设定与评价体系应当相互匹配，但现实中存在一些评价体系与教学目标设定不相符的情况，导致教学目标无法得到有效评价和反馈。

（2）针对这些问题，可以通过以下途径解决：首先，加强教师专业发展，提高教师对学生认知水平和发展特点的理解，使教学目标更贴近学生实际；其次，优化教学目标设定，注重目标的实际操作性和可行性，使目标更容易在实际教学中落地；再次，调整评价体系，确保评价体系与教学目标设定相匹配，能够有效评价学生的学习情况。

总之，小学道德与法治深度教学存在的目标设定的理论脱节问题需要引起教育工作者和决策者的重视，通过多方合作努力，不断完善教学目标设定和实施，促进小学道德与法治深度教学的有效开展。

2.道德与法治教学的分割

有时候教学目标中将道德教育和法治教育分割开来，缺乏整体性和综合性。这可能导致学生只在道德层面接受教育，而忽略了法治意识的培养，或者只注重法律法规的灌输，而忽略了道德品质的培养。

（1）小学道德与法治深度教学存在道德与法治教学的分割问题，这一问题主要表现在以下几个方面：首先，学科分割导致知识片面。在一些小学教学中，道德教育和法治教育被划分为独立的学科，导致学生对道德与法治的认识存在片面性，无法形成全面的道德与法治观念。其次，缺乏整合性教学。道德教育和法治教育往往在教学实践中缺乏整合，学校在课程设置和教学安排上往往将道德教育和法治教育割裂开来，导致学生难以形成较为系统和完整的道德与法治观念。再次，教师专业能力不足：一些小学教师在道德与法治教学中缺乏整合能力，无法将道德教育和法治教育有机结合起来，导致教学效果不佳。

（2）为解决这一问题，可以从以下几个方面着手：首先，整合课程设置。学校可以在课程设置上进行整合，将道德教育和法治教育有机结合，设计出既包含道德素养又包含法治知识的课程，帮助学生形成全面的道德与法治观念。其次，教师跨学科培训。学校可以对教师进行跨学科的培训，提升教师的整合能力，使其能够在教学实践中有效整合道德与法治教育，为学生提供全面的道德与法治教育。再次，强化实践教学。通过校园文化建设、社区实践活动等方式，让学生在实际生活中感受道德与法治的融合，从而形成更加深入的理解和认识。

总之，解决小学道德与法治深度教学存在的道德与法治教学的分割问题需要学校、教师和教育管理部门的共同努力，通过整合课程设置、教师培训和强化实践教学等方式，促进道德与法治教育的有机结合，为学生提供更加全面和深入的道德与法治教育。

3.目标设定与评价体系的脱节

在一些情况下，教学目标设定与评价体系之间存在脱节，教学目标设定了一些理想化的目标，但评价体系却无法有效地对这些目标进行量化和具体评价，导致目标设定得虚，无实际意义。

小学道德与法治深度教学存在道德与法治教学的分割问题，这一问题主要表现在以下几个方面。首先，学科分割导致知识片面：在一些小学教学中，道德教育和法治教育被划分为独立的学科，导致学生对道德与法治的认识存在片面性，无法形成全面的道德与法治观念。其次，缺乏整合性教学。道德教育和法治教育往往在教学实践中缺乏整合，学校在课程设置和教学安排上往往将道德教育和法治教育割裂开来，导致学生难以形成较为系统和完整的道德与法治观念。再次，教师专业能力不足：一些小学教师在道德与法治教学中缺乏整合能力，无法将道德教育和法治教育有机结合起来，导致教学效果不佳。

解决这些问题需要综合考虑教学理论、学生特点以及社会需求，确保教学目标的设定能够贴近学生的实际需求，有利于其全面发展。同时，需要整合道德教育和法治教育，使教学目标具有整体性和综合性，促进学生在道德品质和法治意识上的全面提升。同时，建立科学合理的评价体系，确保教学目标的设定与评价体系相互契合，能够对学生的学习成果进行有效评价。

（二）教学内容割裂

道德教育和法治教育的教学内容被割裂开来，缺乏交叉融合。教师将道德教育和法治教育的内容分别进行教学，而忽略了二者之间的内在联系和互相促进的作用。小学道德与法治深度教学存在教学内容的割裂问题，主要表现在以下几个方面：

1.学科分割导致内容片面

在一些小学教学中,道德教育和法治教育被划分为独立的学科,导致学生对道德与法治的认识存在片面性,无法形成全面的道德与法治观念。

(1)小学道德与法治深度教学存在学科分割导致内容片面的问题,这一问题主要表现在以下几个方面:首先,道德与法治教育被划分为独立学科。在一些小学教学中,道德教育和法治教育被划分为独立的学科,导致学生对道德与法治的认识存在片面性,无法形成全面的道德与法治观念。其次,缺乏综合性教学。由于道德与法治教育被划分为独立学科,教学内容往往缺乏综合性,无法将道德与法治知识有机结合起来,导致学生难以形成较为系统和完整的道德与法治观念。再次,学生认知片面。学科分割导致学生只能从各自学科的角度看待道德与法治问题,缺乏全面性的认识和理解,无法形成综合的道德与法治观念。

(2)为解决这一问题,可以采取以下措施:首先,整合课程设置。学校可以在课程设置上进行整合,将道德教育和法治教育有机结合,设计出既包含道德素养又包含法治知识的课程,帮助学生形成全面的道德与法治观念。其次,跨学科教学。教师可以在教学实践中采用跨学科的教学方法,将道德与法治教育有机结合起来,帮助学生形成综合的道德与法治观念。再次,强化综合实践。通过校园文化建设、社区实践活动等方式,让学生在实际生活中感受道德与法治的融合,从而形成更加深入的理解和认识。

2.教学资源分散

由于道德教育和法治教育被分割为独立学科,教学资源往往分散,导致教学内容无法得到充分整合和发挥,影响教学效果。

(1)小学道德与法治深度教学存在教学资源分散的问题,主要表现在以下几个方面:首先,教材资源分散。道德教育和法治教育往往使用不同的教材和教学资源,导致教学内容无法得到充分整合和发挥,影响教学效果。其次，师资资源分散。由于道德与法治教育被视为独立的学科，学校在师资配置上往往也分别安排道德教育和法治教育的教师，导致师资资源分散，影响教学的整合性和连贯性。再次，教学设施资源分散。道德教育和法治教育往往需要不同的教学设施和场地支持，资源分散导致教学设施的利用效率不高，难以形成综合的教学环境。

（2）为解决这一问题，可以采取以下措施：首先，整合教材资源。学校可以整合道德教育和法治教育的教材资源，设计出能够同时包含道德素养和法治知识的教材，帮助学生形成全面的道德与法治观念。其次，整合师资资源。学校可以在师资配置上进行整合，培养具备综合教学能力的教师，让他们能够同时承担道德与法治教育的教学任务，提高教学的整合性和连贯性。再次，综合利用教学设施。学校可以通过合理规划来管理教学资源，综合利用教学设施，创造出能够同时支持道德与法治教育的教学环境，提高资源利用效率。

（三）教学方法单一

由于道德教育和法治教育被隔离设计，教学方法会变得单一化，缺乏多样性和灵活性。教师倾向于采用传统的讲授式教学，而忽视了交互式、体验式等多种教学方法的运用。小学道德与法治深度教学存在教学方法单一的问题，主要表现在以下几个方面：

1.缺乏实践教学

部分小学的道德与法治教学过于侧重于传统的课堂讲授，缺乏实践教学的内容，导致学生难以将理论知识与实际生活相结合，理解和应用能力有所欠缺。

（1）小学道德与法治深度教学存在缺乏实践教学的问题，主要表现在以下几个方面：首先，理论脱离实际。部分小学的道德与法治教学过于侧重于课堂讲授，缺乏与实际生活相结合的实践教学内容，导致学生难以将所学的理论知识应用到实际中去。其次，缺乏案例分析。在教学中缺乏真实案例的引入和分析，学生难以通过实际案例来理解道德与法治的内涵和应用，导致理论教育脱离实际。再次，学生参与度低。由于缺乏实践教学，学生在道德与法治教育中的参与度较低，难以培养他们的实际应用能力和解决问题的能力。

（2）为解决这一问题，可以采取以下措施：首先，引入案例教学。教师可以引入真实案例，让学生通过分析案例来理解道德与法治的内涵和应用，帮助他们将理论知识与实际情况相结合。其次，校园实践活动。学校可以组织各种校园实践活动，如模拟法庭、社区服务等，让学生在实际活动中感受道德与法治的重要性，培养他们的实践能力。再次，社会实践参与。学校可以鼓励学生参与社会实践活动，如参观法庭、参与志愿者活动等，让学生在社会实践中学习道德与法治知识，增强他们的实际应用能力。

因此，解决小学道德与法治深度教学存在缺乏实践教学的问题需要学校、教育管理部门和教师的共同努力，通过引入案例教学、开展校园实践活动和鼓励社会实践参与等方式，促进道德与法治教育的理论与实践相结合，为学生提供更加全面和深入的道德与法治教育。

2.教学资源利用单一

教师在教学过程中往往使用单一的教学资源和手段，如课本、讲义等，缺乏多样化的教学方法，难以激发学生的学习兴趣和主动性。

（1）小学道德与法治深度教学存在教学资源利用单一的问题，主要表现在以下几个方面：首先，教学材料单一。部分学校在进行道德与法治教学时，过分依赖课本和讲义等传统教学材料，缺乏多样化的教学资源，难以激发学生的学习兴趣和提高教学效果。其次，教学手段单一。教师在进行道德与法治教学时，往往采用单一的教学手段，如讲述、板书等，缺乏多元化的教学手段，难以满足不同学生的学习需求。再次，教学环境单一。由于教学资源利用单一，教学环境往往缺乏多样性和活跃性，难以营造出有利于学生学习的氛围。

（2）为解决这一问题，可以采取以下措施：首先，多元化教学材料。学校可以引入多样化的教学材料，如图片、视频、实物模型等，丰富教学资源，激发学生的学习兴趣。其次，多元化教学手段。教师可以结合现代教育技术，如多媒体教学、互动教学等，丰富教学手段，提高教学效果，满足不同学生的学习需求。再次，创设多样化教学环境。学校可以通过布置教室环境、组织课外活动等方式，创设多样化的教学环境，营造出有利于学生学习的氛围。

因此，解决小学道德与法治深度教学存在教学资源利用单一的问题。需要学校、教育管理部门和教师的共同努力，通过多元化教学材料、多元化教学手段和多样化教学环境等方式，丰富教学资源，提高教学效果，为学生提供更加全面和深入的道德与法治教育。

为解决这一问题，可以采取以下措施：首先是跨学科教学。教师可以在教学实践中采用跨学科的教学方法，将道德与法治教育有机结合起来，帮助学生形成综合的道德与法治观念。其次是强化实践教学。通过校园文化建设、社区实践活动等方式，让学生在实际生活中感受道德与法治的融合，从而形成更加深入的理解和认识。再次是多元化教学手段。教师可以结合现代教育技术，如多媒体教学、互动教学等，丰富教学手段，激发学生的学习兴趣，提高教学效果。因此，解决小学道德与法治深度教学存在教学方法单一的问题需要教师和学校共同努力，通过跨学科教学、强化实践教学和多元化教学手段等方式，促进道德与法治教育的有机结合，为学生提供更加全面和深入的道德与法治教育。

（四）评价体系的分离

道德教育和法治教育的评价体系被分开建立，缺乏综合性和全面性。在评价学生的道德素养和法治意识时，会出现各自独立的评价标准和方法，而忽略了二者之间的交叉影响和综合表现。小学道德与法治深度教学存在评价体系的分离问题，主要表现在以下几个方面：

1.评价内容单一

在一些学校的道德与法治教学中，评价体系往往只注重学生对知识的掌握程度，忽视了对学生道德素养和法治意识的评价，导致评价内容单一化。

（1）小学道德与法治深度教学存在评价内容单一的问题，主要表现在以下几个方面：首先，知识掌握成为唯一标准。在一些小学的道德与法治教学中，评价往往只注重学生对知识的掌握程度，忽视了对学生道德素养、法治意识和实践能力等方面的评价，导致评价内容单一化。其次，忽视情感态度和价值观培养。评价内容过于偏重于学生对法律法规和道德知识的记忆和理解，而忽视了对学生情感态度、价值观和责任意识等方面的培养和评价。再次，缺乏综合素质评价。评价内容缺乏对学生综合素质的评价，过于注重学生的理论知识掌握，而忽视了学生的情感态度、实践能力和综合素质的培养和评价。

（2）为解决这一问题，可以采取以下措施：首先，建立多维度评价体系。建立包括知识掌握、情感态度、价值观培养、实践能力等多个方面的评价指标，形成多维度的评价体系，全面评价学生在道德与法治方面的发展。其次，引入定性评价方法。引入定性评价方法，如案例分析、讨论表达、情感态度观察等，以便更全面地了解学生的道德情感、法治意识和实践能力等方面的发展情况。再次，培养综合素质。通过课内外活动培养学生的综合素质，如参与社区服务、模拟法庭活动等，以便更好地评价学生的综合素质和实践能力。

因此，解决小学道德与法治深度教学存在评价内容单一的问题，需要学校、教育管理部门和教师的共同努力，通过建立多维度评价体系、引入定性评价方法和培养学生的综合素质等措施，全面评价学生在道德与法治方面的发展，促进学生全面发展。

2.评价标准分离

道德与法治教学的评价标准往往与学校其他学科的评价标准相分离，

缺乏整体性和综合性，难以全面反映学生的道德与法治素养。

（1）小学道德与法治深度教学存在评价标准分离的问题，主要表现在以下几个方面：首先，学科评价标准与道德与法治教学脱节。部分学校在进行道德与法治教学评价时，评价标准与其他学科的评价标准相分离，缺乏整体性和综合性，难以全面反映学生在道德与法治方面的发展情况。其次，缺乏跨学科评价标准。评价标准缺乏跨学科的综合性，难以评价学生在道德与法治教育中综合素质和实践能力的发展，导致评价标准与实际教学内容脱节。再次，忽视道德与法治素养的评价。评价标准过于注重学生对知识的掌握程度，而忽视了对学生道德情感、法治意识和实践能力等方面的评价，导致评价标准与教学目标脱节。

（2）为解决这一问题，可以采取以下措施：首先，制定综合评价标准。制定跨学科的综合评价标准，包括知识掌握、情感态度、价值观培养、实践能力等多个方面，以全面评价学生在道德与法治方面的发展。其次，整合跨学科评价标准。将道德与法治教学的评价标准与其他学科的评价标准相整合，形成统一的评价标准体系，提高评价的整体性和综合性。再次，引入多元评价方式。引入多元化的评价方式，如案例分析、实践表现、综合素质评价等，全面评价学生的道德与法治素养，促进学生综合能力的发展。

因此，解决小学道德与法治深度教学存在评价标准分离的问题，需要学校、教育管理部门和教师的共同努力，通过制定综合评价标准、整合跨学科评价标准和引入多元评价方式等措施，全面评价学生在道德与法治方面的发展，促进学生全面发展。

3.缺乏综合评价

评价体系往往缺乏对学生综合能力的评价，过于注重学生的理论知识掌握，忽视了学生的道德情感、法治意识等方面的发展。

（1）小学道德与法治深度教学存在的缺乏综合评价问题主要包括以下几个方面：首先，评价指标单一。目前小学道德与法治教育的评价往往只注重学生的知识掌握程度，忽视了学生的思想品德、法治意识等方面的评价。这导致评价指标单一，无法全面客观地反映学生的道德与法治素养。其次，评价方式单一。现行的评价方式主要以考试、作业等形式为主，缺乏对学生综合能力、实际行为的评价。这种评价方式容易造成学生应试性学习，而非真正的道德与法治素养提升。再次，评价内容狭窄。现有评价体系往往只关注学生在课堂上学习的内容，忽视了学生在日常生活中的道德行为和法治意识的表现。这种评价内容狭窄，难以全面了解学生的道德与法治教育情况。

（2）针对这些问题，可以考虑以下改进措施：首先，设计多元化评价指标。评价指标应该包括知识掌握、思想品德、法治意识、实际行为等多个方面，以全面客观地评价学生的道德与法治素养。其次，探索多样化评价方式。评价方式可以包括考察、访谈、案例分析、实践活动等多种形式，以更全面地了解学生的道德与法治素养情况。再次，拓展评价内容范围。评价内容应该不仅局限于课堂学习，还应该关注学生在日常生活中的表现，例如社会实践活动、课外活动等，以全面了解学生的道德与法治素养。

综合评价问题的解决需要全社会的共同努力，包括学校、家庭、社会等多方合作，共同营造有利于小学道德与法治深度教学的评价环境。为解决这一问题，可以采取以下措施：首先，综合评价体系。建立综合的评价体系，既包括学生对知识的掌握程度，也包括学生的道德情感、法治意识等方面的评价，形成全面的评价体系。其次，整合评价标准。将道德与法治教学的评价标准与其他学科的评价标准相整合，形成统一的评价标准体系，提高评价的整体性和综合性。再次，引入多元评价方式。引入多元化的评价方式，如案例分析、实践表现、综合素质评价等，全面评价学生的道德与法治素养，促进学生综合能力的发展。解决小学道德与法治深度教学存在评价体系的分离问题，需要学校、教育管理部门和教师的共同努力，通过建立综合评价体系、整合评价标准和引入多元评价方式等措施，全面评价学生的道德与法治素养，促进学生全面发展。为了更好地促进学生全面发展，需要在教学实践中加强道德与法治教育的整合，提高教学目标的整体性和统一性，促进教学内容的交叉融合，丰富教学方法的多样性，建立综合的评价体系，促进学生道德素养和法治意识的全面提升。

二、目标设计的隔离化问题的原因剖析

引起目标设计的隔离化问题的原因有以下几点：

（一）教师缺乏对学生的了解

教师缺乏对学生的了解是导致小学道德与法治深度学习目标设计隔离化问题的重要原因之一。这种缺乏了解可能源自多方面的因素，教师可能面临课程繁重、时间紧张等压力，导致他们难以花费足够的时间和精力去了解每个学生的个体差异和实际需求。教师的教学压力是导致小学道德与法治深度学习目标设计中存在教师缺乏对学生了解问题的重要原因之一。教师面临的教学压力可能来自多个方面，包括以下几点：首先，课程繁重。教师需要完成大量的教学内容，包括各种学科的知识和技能培养，这使得他们难以花费足够的时间和精力去了解每个学生的个体差异和实际需求。其次，时间紧张。教师需要在有限的时间内完成教学任务，包括备课、上课、批改作业等，时间紧张使得他们难以进行深入的学生了解和个性化教学目标的设计。再次，教学评估压力。教师需要面对学生的学习成绩和教学效果的评估，这可能导致他们更加关注学生的表现而忽视了解学生的个体差异和需求。因此针对教师的教学压力，学校和教育管理部门可以采取一系列措施来缓解其压力，包括但不限于提供更多的教学资源和支持、合理分配教学任务、减轻教师的课程负担、提供更多的教学辅助工具和教学技术支持等。同时，教师个人也可以通过提高时间管理能力、寻求专业发展机会、学习更有效的教学方法等方式来缓解教学压力，从而更好地关注学生的个体差异和实际需求，设计更符合学生特点的道德与法治深度学习目标。

（二）教育资源不足

一些学校可能缺乏足够的教育资源和支持，教师在教学过程中难以获得个性化教学所需的支持和帮助。小学道德与法治深度学习目标设计的隔离化问题中，教育资源不足是一个重要的原因。教育资源的不足可能包括以下几个方面：

1.教学设备和场地

一些学校可能缺乏足够的教学设备和场地，无法提供多样化的教学环境和体验，这使得教师难以开展个性化教学、了解学生的个体差异和实际需求。小学道德与法治深度学习教育资源不足问题中，教学设备和场地资源不足是一个关键因素。这种不足可能导致教师难以开展多样化的教学活动，限制了他们对学生个体差异和实际需求的了解，从而影响了教学目标的设计和实施。首先，教学设备的不足可能会限制教师进行多样化的教学活动。例如，缺乏多媒体设备和教学软件可能导致教师无法利用现代科技手段进行生动有趣的课堂教学，从而影响了学生的学习体验和理解深度。此外，缺乏实验器材和教学模型等教学辅助工具也会限制教师在道德与法治深度学习中开展实践性教学活动，影响学生的实际操作能力和应用能力的培养。其次，教学场地的不足也会对教学产生影响。例如，缺乏适宜的户外活动场地可能限制了教师开展户外教学活动的机会，而这些活动对于培养学生的团队合作精神、社会责任感等方面的素养至关重要。此外，教室空间狭小、设施简陋也会影响教师开展多样化的课堂教学活动，限制了教学的灵活性和多样性。针对这一问题，学校和教育管理部门可以采取一系列措施来改善教学设备和场地资源不足的情况。

首先，学校可以投入资金用于扩建和改造教室，以提供更多的空间供教师进行多样化的教学活动。这包括增加教室面积，提供更多的座位和活动区域，以及安装必要的教育设备，如智能黑板、投影仪等。

其次，学校和教育管理部门可以购买更多的教学设备，以满足教师和学生的需求。这包括电脑、平板电脑、图书和其他多媒体教学资源。通过提供这些设备，教师可以更好地利用数字技术进行教学，提供更多的互动和参与式学习机会给学生。

再次，学校和教育管理部门还可以改善教室的设施和环境，以创造一个更加舒适和有利于学习的环境。这包括提供良好的照明、通风和温度控制，以及安装舒适的座椅和桌子。通过改善设施和环境，可以提高学生的学习积极性和专注度，从而提高教学效果。

最后，学校和教育管理部门还可以与其他教育机构、企业和社区合作，共享资源和设施。这可以通过建立合作关系，共同使用教室、实验室和其他教育设施，以提供更多的教学资源和支持给教师和学生。

2.教学辅助资源

缺乏丰富多样的教学辅助资源，如教学软件、多媒体设备、实验器材等，会限制教师设计多样化的教学内容和方法，从而影响教师对学生的了解和个性化教学目标的设计。

3.专业支持和培训

一些学校可能缺乏提供给教师的专业支持和培训机会，使得教师难以获得个性化教学所需的支持和帮助。针对教育资源不足的问题，学校和教育管理部门可以采取一系列措施来改善，包括但不限于增加教育投入，提供更多的教学设备和场地，提供丰富多样的教学辅助资源，加强对教师的专业培训和指导等。同时，教师个人也可以通过积极寻求教学资源和支持，灵活运用有限的资源，设计更符合学生特点的道德与法治深度学习目标，以缓解教育资源不足对教学的影响。

（三）教育体制限制

教育体制和教学规范可能对教师的教学方法和目标设定提出了一定的限制，使得个性化教学目标的设计变得困难。教育体制限制是导致小学道德与法治深度学习目标设计隔离化问题的一个重要原因。教育体制的限制可能表现在以下几个方面：首先，课程设置和教学要求。教育体制对于课程设置和教学要求可能存在一定的标准化和统一化，这使得教师在设计道德与法治深度学习目标时受到了一定的限制。教育体制可能规定了特定的教学内容和教学目标，使得教师难以根据学生的个体差异和需求进行个性化的目标设计。其次，教学评估体系。教育体制对于教学评估体系的要求可能过于注重学生的学科成绩和考试表现，而忽视了学生的综合素养和道德品质的培养。这可能导致教师更加关注学生的学科成绩，而忽视了对学生道德与法治深度学习目标的设计和实施。再次，教学管理规范。教育体制可能对教学管理规范提出了一定的要求，使得教师在教学过程中难以灵活运用多样化的教学方法和手段，设计更符合学生特点的道德与法治深度学习目标。针对教育体制限制所导致的问题，可以通过改革教育体制，提倡个性化教育，减少对教学目标和教学方法的过度规范化，鼓励教师更多地关注学生的个体差异，从而更好地设计小学道德与法治深度学习目标。同时，学校和教育部门也可以加强对教师的指导和监督，鼓励教师更加关注学生的综合素养和道德品质的培养，从而缓解教育体制限制对小学道德与法治深度学习目标设计的影响。

（四）缺乏专业培训

一些教师可能缺乏针对个体差异化教学的专业培训和指导，导致他们在实际操作中难以有效地了解和应对学生的个体差异。小学道德与法治深度学习目标设计的隔离化问题中，教师缺乏专业培训是一个重要的原因。缺乏专业培训可能导致教师在道德与法治深度学习目标设计中缺乏必要的知识、技能和方法，从而难以有效地了解学生的需求和设计个性化的学习目标。首先，缺乏专业培训可能导致教师对道德与法治深度学习目标设计的理论基础和最新发展缺乏了解。道德与法治教育领域的理论和实践不断发展，而缺乏专业培训可能导致教师无法及时了解最新的教育理念和方法，从而影响了他们对学生的了解和个性化学习目标的设计。其次，缺乏专业培训可能导致教师在教学方法和策略上的局限性。针对不同的学生群体，特别是在道德与法治深度学习中，个性化的教学方法和策略尤为重要。缺乏专业培训可能使得教师难以掌握多样化的教学方法，从而难以设计出符合学生特点的深度学习目标。针对缺乏专业培训的问题，可以通过提供针对性的专业培训和持续教育来改善。学校和教育管理部门可以组织相关的培训课程和研讨会，帮助教师了解最新的教育理念和方法，提高他们的教学能力和水平。此外，还可以鼓励教师参与专业交流和合作，分享教学经验和方法，促进教师的专业成长。通过提供充分的专业培训，可以帮助教师更好地了解学生的需求，设计更符合学生特点的道德与法治深度学习目标，从而缓解教师缺乏对学生了解的问题。

因此，针对教师缺乏对学生的了解所导致的问题，可以通过提供更多的教育资源和支持、改善教育体制、加强教师的专业培训等措施来解决。同时，学校和教育部门也可以加强对教师的指导和监督，鼓励教师更多地关注学生的个体差异，从而更好地设计小学道德与法治深度学习目标。小学生的道德发展水平和法治意识存在较大的个体差异。有些学生对道德规范和法律法规有较好的理解和接受能力，而另一些学生需要更多的引导和教育。因此，教师需要针对不同学生的差异制定相应的教学策略，以满足每个学生的发展需求。

（五）家庭背景和社会环境不同

小学生的道德与法治观念受到家庭背景和社会环境的影响。家庭教育和社会文化对于小学生的价值观念和行为规范有着深远的影响。因此，教师在进行道德与法治教学时，需要考虑学生来自不同家庭和社会环境，采取相应的教学方法，使教学内容更贴近学生的实际情况。从家庭背景和社会环境的角度进行论述，可以从以下几个方面展开：首先，家庭背景。不同家庭的教育观念、价值观念和教育方式会对小学生道德与法治深度学习目标的设计产生影响。比如，一些家庭可能更加重视传统道德观念的传承，而另一些家庭可能更加注重实用法律知识的传授。这种差异可能导致学校在设计深度学习目标时面临隔离化问题，无法满足不同家庭背景学生的需求。其次，社会环境。不同社会环境下的价值观念、法治观念和道德风气也会对学校的深度学习目标设计产生影响。比如，城市和农村的社会环境可能存在着不同的法治实践和道德观念，这就需要学校在设计深度学习目标时考虑到不同社会环境下学生的特点和需求，避免出现隔离化问题。因此，针对家庭背景和社会环境的差异，学校在设计小学道德与法治深度学习目标时，需要充分考虑不同学生的需求，提供多样化的教育方式和内容，促进学生的全面发展。

（六）兴趣爱好和学习方式

小学生在道德与法治教学中的差异还表现在对教学内容的兴趣爱好和学习方式上。有些学生对某些道德教育内容更感兴趣，而对另一些内容则缺乏兴趣。同时，小学生的学习方式也各不相同，有些更适应于听觉教学，而有些则更适应于视觉或动手实践。因此，教师需要通过多样化的教学方法和活动，满足学生不同的学习需求，激发他们的学习兴趣。从兴趣爱好和学习方式的角度进行论述，可以从以下几个方面展开：首先，兴趣爱好。不同学生有着不同的兴趣爱好，有些学生可能对道德与法治学习感兴趣，而另一些学生可能对其他学科或活动更感兴趣。这种差异可能导致学校在设计深度学习目标时难以吸引所有学生的注意，从而出现隔离化问题。因此，学校需要在设计学习目标时考虑学生的兴趣爱好，采用多样化的教学方式和内容，使得学生能够在感兴趣的情况下更好地接受道德与法治教育。其次，学习方式。不同学生有着不同的学习方式，有些学生喜欢通过实践学习，而另一些学生更喜欢通过理论学习。学校在设计深度学习目标时需要考虑到这种差异，提供多样化的学习方式和教学资源，满足不同学生的学习需求，避免出现隔离化问题。因此，针对学生的兴趣爱好和学习方式的差异，学校在设计小学道德与法治深度学习目标时，需要注重个性化教育，提供多样化的学习方式和内容，激发学生的学习兴趣，促进他们全面发展。

（七）缺乏对教材的深入发掘

目前，在小学道德与法治课中渗透爱国主义教育的效果并不理想，究其原因在于教师在教学过程中对教材缺乏深入的研究。如爱国主义教育内容在道德与法治教材中并没有明显体现，需要教师进行挖掘，找准切入点。但部分教师在教学过程中，只是照本宣科地对学生进行说教式教学，教学缺乏灵活性，也没有结合教材内容进行爱国主义教育的延伸，导致学生的学习积极性较低。长期如此，不仅难以保障良好的教学效果，还会使学生产生逆反心理。对此，在道德与法治教学中，教师需要从学生的实际出发，深入挖掘教材中的爱国主义教育内容，并据此开展爱国主义教育，有效培养学生的爱国精神。从缺乏对教材的深入发掘的角度进行论述，可以从以下几个方面展开：首先，教材内容。在设计小学道德与法治深度学习目标时，教材的内容非常重要。如果教师和教育机构只是简单地依赖教材提供的知识点，而缺乏对教材的深入发掘和挖掘，就会导致学生对道德与法治的学习陷入表面化，无法真正理解和内化其中的价值观念和原则。其次，教学方法。缺乏对教材的深入发掘也可能导致教学方法单一，缺乏足够的启发式教学和案例分析。这样一来，学生只能被动地接受知识，而无法培养批判性思维和实际运用能力，导致学习目标的隔离化问题。因此，针对缺乏对教材的深入发掘的问题，学校和教师需要加强教学内容的挖掘和深入解读，注重案例分析和启发式教学，引导学生深入理解道德与法治的内涵，培养他们的批判性思维和实际运用能力，从而避免学习目标隔离化问题的出现。

三、目标设计的隔离化问题的解决方案

为解决目标设计的隔离化问题，需要重新审视教学目标的设计，力争做到更加综合全面，注重学生综合素养的培养，包括道德品质、法治意识、批判性思维等方面的发展。加强对学生的个体差异和需求的了解，制定符合学生实际情况的教学目标；同时，教学目标的制定应该更

加具体、可操作，能够与学生的日常生活和成长需求相结合，从而提高教学目标的实效性和可操作性。解决目标设计的隔离化问题的方案主要有以下几种。

（一）教学目标的重新设计

重新审视教学目标，将知识传授与学生综合素养的培养相结合，确保教学目标更加全面，包括知识、情感态度、价值观念和行为习惯等方面的发展。首先，重新设计小学道德与法治深度学习的教学目标时，我们需要考虑如何整合道德与法治教育，使其成为有机的整体，而不是隔离化的学习内容。这就需要重新审视现有的教学目标，以确保它们能够全面覆盖道德与法治教育的核心内容，并且能够促进学生的综合素养和能力的提升。其次，教学目标的重新设计需要注重培养学生的实践能力和创新思维。除了传授道德与法治知识外，教学目标还应该包括培养学生的实际操作能力，让他们能够将所学知识运用到实际生活中，形成正确的行为习惯和价值观念。同时，也要注重培养学生的创新思维，让他们能够独立思考、分析问题，并提出解决问题的方法和建议。另外，教学目标的重新设计还需要注重培养学生的社会责任感和团队合作精神。道德与法治教育不仅仅是个人行为的规范，更重要的是培养学生的社会责任感，让他们明白自己的行为会对整个社会产生影响。此外，也要注重培养学生的团队合作精神，让他们学会与他人合作、沟通，共同解决问题。总之，教学目标的重新设计需要以整合道德与法治教育、培养实践能力和创新思维、培养社会责任感和团队合作精神为重点，以期更好地解决小学道德与法治深度学习目标设计的隔离化问题。

（二）强调综合素养的培养

在教学目标中加入对学生综合素养的培养要求，明确目标不仅包括知识的掌握，还包括情感态度、价值观念和行为习惯等方面的培养。从强调综合素养的培养进行论述，可以从多个方面展开讨论。首先，强调综合素养的培养意味着不仅仅注重学生的知识学习，更要关注学生的道德品质、情感态度、学习方法、创新能力等方面的发展。在小学道德与法治深度学习目标设计中，应该明确将培养学生的综合素养作为核心目标，使学生在学习道德与法治知识的同时，能够全面发展自身的各项素养。其次，综合素养的培养需要注重跨学科的整合。在道德与法治教育中，可以通过跨学科的方式，将道德、法治、历史、文学、社会等多个学科内容进行整合，让学生在学习中形成全面的认知，培养综合素养。这样的教学设计可以帮助学生更好地理解道德与法治的内涵，提升他们的综合素养水平。另外，强调综合素养的培养还需要注重培养学生的批判性思维和解决问题的能力。在道德与法治深度学习中，学生不仅需要了解相关知识，还需要学会批判性思考，分析问题的根源，并提出解决问题的方法。这种培养方式可以提高学生的综合素养，使他们在面对道德与法治问题时能够做出理性的判断和决策。总的来说，强调综合素养的培养是解决小学道德与法治深度学习目标设计隔离化问题的关键之一。通过明确综合素养培养的重要性，跨学科整合的教学方式以及培养学生批判性思维和解决问题能力，可以更好地解决隔离化问题，促进小学道德与法治深度学习目标的全面发展。

（三）教学手段的调整

调整教学手段，注重情感态度、价值观念和行为习惯的培养，例如通过情景模拟、讨论和案例分析等方式，促进学生的全面发展。针对《目标设计的隔离化问题的解决方案》，可以从教学手段的调整进行论述。首先，教学手段的调整可以包括引入多样化的教学方法和工具。除了传统的课堂讲授外，可以引入案例分析、角色扮演、小组讨论、实地考察等多种教学方法，以丰富教学内容，激发学生的学习兴趣，提高教学效果。同时，结合现代科技手段，如多媒体教学、互动教学软件等，也可以帮助学生更好地理解和应用道德与法治知识。其次，教学手段的调整还可以包括加强实践教学环节。通过组织学生参与社区服务、法治实践活动等形式，让学生在实际生活中感受道德与法治的重要性，增强他们的实践能力和责任感。这样的教学手段调整可以使学生更加深入地理解和体验道德与法治的内涵，从而达到深度学习的效果。另外，教学手段的调整还可以包括促进家校合作。家庭是学生道德与法治教育的重要场所，学校可以通过家访、家长会等方式，加强与家长的沟通和合作，共同关注学生的道德与法治教育，形成学校、家庭和社会共同育人的良好局面。总的来说，通过调整教学手段，引入多样化的教学方法和工具，加强实践教学环节，促进家校合作等方式，可以更好地解决小学道德与法治深度学习目标设计的隔离化问题，提高教学效果，促进学生全面发展。

（四）教师专业发展

教师需要接受相关的专业培训，提高对综合素养培养的认识和能力，从而更好地将综合素养融入教学目标的设计和实施中。从教师专业发展的角度进行论述是非常重要的。首先，教师需要接受相关的专业培训和进修，以提高自身的道德与法治知识水平。教师在这一领域的专业发展需要不断学习最新的法律法规和道德理念，了解社会发展的最新动向，从而能够更好地指导学生进行深度学习。其次，教师还需要培养自己的教学方法和教育理念，以更好地应对隔离化问题。教师可以通过参加教学研讨会、教学案例分享会等活动，与其他教师交流经验，学习先进的教学方法，提升自己的教学水平。另外，教师专业发展还需要注重教师的道德素养和职业操守。教师要以身作则，做学生的楷模，注重自己的道德修养和职业操守，才能更好地引导学生进行深度学习。最后，学校和教育部门也应该提供更多的支持和资源，促进教师的专业发展。学校可以组织相关的培训和研讨活动，为教师提供学习和交流的平台；教育部门可以制定相关政策，支持教师的专业发展，提供相关的资源和指导。总之，教师的专业发展对于解决小学道德与法治深度学习目标设计的隔离化问题至关重要。通过提高教师的专业水平、教学方法和教育理念的培养、注重教师的道德素养和职业操守，以及提供更多的支持和资源，可以更好地解决这一问题，促进小学道德与法治深度学习目标的全面发展。

综上所述，通过以上措施，可以解决核心素养导向的小学道德与法治深度教学中目标设计的隔离化问题，使教学目标更加贴合学生的实际需求，促进学生综合素养的全面发展。道德与法治深度学习目标设计的隔离化问题的解决方案包含以下四个方面：在教师专业发展方面，教师需要接受相关的专业培训和进修，提高自身的道德与法治知识水平，培养教学方法和教育理念，注重道德素养和职业操守。学校和教育部门也应该提供更多支持和资源，促进教师的专业发展。在教学手段的调整方面，引入多样化的教学方法和工具，加强实践教学环节，促进家校合作，提高教学效果，激发学生的学习兴趣，培养学生的实践能力和责任感。在强调综合素养的培养方面，培养学生的综合素养，包括道德品质、情感态度、学习方法、创新能力等方面的发展，通过跨学科整合的教学方式，培养学生的批判性思维和解决问题的能力。在教学目标的重新设计方面，整合道德与法治教育，重新审视现有的教学目标，确保全面覆盖道德与法治教育的核心内容，注重培养学生的实践能力和创新思维，培养学生的社会责任感和团队合作精神。综合以上四个方面的解决方案，可以更好地解决小学道德与法治深度学习目标设计的隔离化问题，促进学生全面发展，提高教学效果。

第二节　内容组织的片面化

内容组织的片面化是核心素养导向的小学道德与法治深度教学中的一个重要问题。这一问题表现为教学内容过于片面，只注重知识的传授，而忽视了知识之间的内在联系和整体性。为解决这一问题，教师可以通过跨学科的教学设计，将道德与法治知识与其他学科内容相结合，促进学生对知识的整体理解，培养学生的综合素养。

一、内容组织的片面化问题的具体表现

小学道德与法治教学内容组织片面化的具体表现包括以下几个方面。

（一）缺乏整体性和系统性

教学内容过分偏重某一方面，而忽略了其他重要内容。比如，过分强调了道德规范的传授，而忽略了对法律知识的普及，或者只强调了法律知识的灌输，而忽略了道德情感的培养。这种片面化导致学生对道德与法治的理解不够全面，影响其全面发展。小学道德与法治深度学习内容组织的片面化问题主要表现为缺乏整体性和系统性。首先，缺乏整体性表现在教学内容往往零散分布，缺乏系统性安排。道德与法治教育内容被分割成独立的知识点，缺乏整体的脉络和关联，导致学生难以形成系统性的认知和理解。其次，缺乏系统性表现在教学内容缺乏深度和延伸。教师在教学中往往只是简单地传授道德与法治知识，而缺乏对知识的深入挖掘和延伸，缺乏对知识之间联系和融合的系统性思考。这种缺乏整体性和系统性的教学内容组织会导致学生对道德与法治的认知局限于零散的知识点，无法形成系统性的理解和应用。解决这一问题需要教师在教学中注重整体性和系统性，将道德与法治教育内容进行有机整合，构建完整的知识体系，帮助学生形成系统性的认知和理解。同时，教师还应该注重培养学生的批判性思维和解决问题的能力，引导学生在学习中进行深入思考和探索，从而提高道德与法治教育的深度和系统性。

（二）缺乏实践性和体验性

教学内容停留在知识传授的层面，缺乏实践性和体验性的教学活动。学生只是被动地接受道德与法治知识，而缺乏实际操作和体验，这样很难真正理解和内化这些知识。小学道德与法治深度学习内容组织的片面化问题表现为缺乏实践性和体验性。首先，缺乏实践性表现在教学内容

偏重理论知识传授，而缺乏实际操作和实践体验。学生仅仅通过课堂上的知识传授难以真正理解和应用道德与法治知识，缺乏对知识的实际应用和实践操作。其次，缺乏体验性表现在教学内容缺乏生动的体验和情境设置。学生往往难以在生动的情境中体验道德与法治知识的应用，缺乏对知识的情感认知和体验。解决这一问题的方法包括引入实践性教学，教师可以通过实践性教学活动，如角色扮演、案例分析、模拟法庭等方式，让学生在实际操作中体验道德与法治知识的应用，加深对知识的理解和记忆。同时创设体验性情境，教师可以通过创设生动的情境，如游戏化教学、校园实践活动等，让学生在情境中体验道德与法治知识的应用，激发学生的学习兴趣，增强对知识的体验性认知。通过增加实践性和体验性教学，可以更好地解决小学道德与法治深度学习内容组织的片面化问题，促进学生对道德与法治知识的全面理解和应用。

（三）缺乏与实际生活的联系

教学内容脱离学生的实际生活，缺乏与学生日常生活经验的联系。这样的教学内容很难引起学生的兴趣和共鸣，也难以在实际生活中得到应用和体现。小学道德与法治深度学习内容组织的片面化问题表现为缺乏与实际生活的联系。首先，教学内容脱离实际生活，学生难以将道德与法治知识与实际情境相结合。这导致学生难以理解知识在实际生活中的应用和意义，缺乏对道德与法治的实际认知。其次，教学内容缺乏实际案例和生活情境的引入，学生缺乏在真实情境中运用道德与法治知识的机会。这使得学生的学习局限于书本知识，难以将所学知识与实际生活相结合。为解决这一问题，教师可以引入真实生活中的案例，让学生通过案例分析来理解道德与法治知识在实际生活中的应用，促使学生将知识与实际情境相结合。同时教师可以组织学生进行实地考察，让学生亲身感受法治的实际运作，并进行互动讨论，加深对道德与法治知识在实际生活中的理解。通过增加与实际生活的联系，可以更好地解决小学道德与法治深度学习内容组织的片面化问题，促进学生对道德与法治知识的全面理解和应用。

（四）缺乏多元化和包容性

教学内容过分强调某种价值观或者某种法治观念，而忽略了多元文化和多元价值观的存在。这样的片面化导致学生对不同价值观缺乏理解和尊重，影响其发展成为具有包容性和开放性的公民。小学道德与法治深度学习内容组织的片面化问题主要表现为缺乏多元化和包容性。首先，教学内容缺乏多元化，只强调某种特定的道德观念或法治理念，忽视了社会多元文化和多元价值观的存在。这可能导致学生对其他文化和价值观的无知或偏见，影响他们的全面发展。其次，教学内容缺乏包容性，未能充分考虑到学生的个体差异和特殊需求。这可能导致部分学生在道德与法治学习中感到被边缘化，影响他们的学习积极性和参与度。为解决这一问题，教师可以引入不同文化背景下的道德观念和法治理念，让学生了解和尊重不同文化之间的差异，培养学生的包容心和跨文化交流能力。教师可以关注学生的个体差异和特殊需求，采用多样化的教学方法和评价方式，让每个学生都能在学习中找到归属感，激发他们的学习兴趣和参与度。通过增加多元化和包容性的教学内容，可以更好地解决小学道德与法治深度学习内容组织的片面化问题，促进学生对道德与法治知识的全面理解和应用。

为了避免小学道德与法治深度学习内容组织的片面化问题，教学需要注重整体性和系统性。这意味着教学内容应当涵盖多个方面，包括不同的道德观念和法治观念，以及相关的实际案例和生活情境。此外，提倡实践性和体验性教学也至关重要，学生需要通过实际操作和情境体验来加深对道德与法治知识的理解和应用。同时，教学内容也需要与实际生活联系紧密，通过引入实际案例和生活情境，让学生在真实情境中运用道德与法治知识。最重要的是，教学应该包容多元化的价值观和法治观念，让学生了解和尊重不同文化之间的差异，培养他们的包容心和跨文化交流能力。只有这样，才能真正促进学生全面发展和健康成长。

二、内容组织的片面化问题的原因剖析

小学道德与法治教学的教学内容组织片面化的原因包括以下几个方面。

（一）课程设计的局限性

教育主管部门或学校在课程设计上存在片面化的倾向，重视某些道德或法治内容，而忽视其他内容，导致教学内容组织的片面化。小学道德与法治深度学习内容组织的片面化问题的原因之一是课程设计的局限性。课程设计的局限性可能表现在以下几个方面：一是缺乏多元化视角。部分课程设计可能受限于特定的意识形态或价值观念，忽视了社会的多元文化和多元价值观。这导致教学内容偏向特定观点，缺乏对不同文化和价值观的充分尊重和包容，从而影响了学生对多元社会的理解和认知。二是缺乏实践性教学。部分课程设计可能过于侧重理论知识的传授，而忽视了实践性教学的重要性。道德与法治知识的学习需要通过实际情境的体验和实践操作来加深理解，而缺乏这方面的设计会导致学生难以将知识应用到实际生活中。三是缺乏与实际生活的联系。有些课程设计可能脱离了学生的实际生活，教学内容过于抽象或脱离实际情境，导致学生难以将所学知识与实际生活联系起来，缺乏对道德与法治知识在实际生活中的应用和意义的认知。针对课程设计的局限性，教育者可以通过重新审视课程设计，引入多元化的教学内容和案例分析，提倡实践性和体验性教学，以及加强与实际生活的联系，从而促进小学道德与法治深度学习内容的全面和多元发展。

（二）教师个人素养和认知偏差

教师在教学内容组织时受到个人素养和认知偏差的影响，偏向某些道德或法治内容，而忽视其他内容，导致片面化的教学内容组织。小学道德与法治深度学习内容组织的片面化问题的原因之一是教师个人素养和认知偏差。教师个人素养和认知偏差可能表现在以下几个方面：一是个人意识形态影响。教师个人的意识形态和个人观念可能会对教学内容

产生影响。如果教师自身的意识形态偏向特定的价值观或法治观念，他们可能倾向于将这些观念灌输给学生，而忽视了多元化和包容性的教学。二是缺乏跨文化教育意识。教师可能缺乏对多元文化的教育意识，导致在教学中忽视了不同文化背景下的道德观念和法治理念。这可能导致教学内容的片面化，影响学生对多元文化的理解和尊重。三是认知偏差影响教学方法。教师个人的认知偏差可能影响其选择的教学方法和案例。如果教师对某些特定的情境或观念存在偏见，可能会在教学中选择性地呈现案例或内容，忽视了其他多元化的视角和观点。针对教师个人素养和认知偏差，教育管理部门可以通过加强教师的跨文化教育培训，提升教师的教育意识和包容性，从而减少教师个人素养和认知偏差对教学内容的影响，促进小学道德与法治深度学习内容的全面和多元发展。

（三）社会文化环境的影响

社会文化环境对教学内容组织也产生影响，某些特定的价值观念或法治观念会在教学中被过分强调，而其他内容被忽视，导致片面化的现象。小学道德与法治深度学习内容组织的片面化问题的原因之一是社会文化环境的影响。社会文化环境可能对教学内容产生以下影响：一是价值观念的单一化。在特定社会文化环境下，可能存在对特定价值观念的强调，而忽视了其他多元化的价值观。这种单一的价值观念可能会影响到教学内容的选择和呈现，导致片面化的问题。二是法治观念的局限性。某些社会文化环境下，对法治观念的理解可能存在局限性，而这种局限性可能会在教学内容中得到体现，导致学生对法治的理解也偏向片面化。三是文化传统的影响。特定的社会文化环境可能受到文化传统的影响，而这些传统可能对道德与法治观念产生影响。如果教学内容受到这些传统观念的影响，可能导致片面化的问题。针对社会文化环境的影响，教育部门可以通过引入多元文化教育内容，促进学生对不同文化背景下的道德与法治观念的理解和尊重。同时，教师也可以通过教学实践中的案例选择和课堂讨论，引导学生理解和尊重多元文化背景下的价值观和法治观念，从而减少社会文化环境对教学内容的片面化影响。

因此，小学道德与法治教学的教学内容组织片面化受到课程设计的局限性、教师个人素养和认知偏差以及社会文化环境的影响。为了避免教学内容组织的片面化，需要在课程设计上注重全面性和多样性，教师需要不断提高自身的专业素养和认知水平，选择多样化的教材，同时也需要关注社会文化环境对教学内容组织的影响，促进道德与法治教育的全面发展。

三、内容组织的片面化问题的解决方案

小学道德与法治教育的深度学习内容组织应当全面、多样化，以促进学生全面发展。以下是解决片面化问题的方案：

（一）选择多样化的教材

小学道德与法治教育的深度学习内容组织的片面化问题在于教材的单一性，可能导致学生只能从固定的角度理解道德与法治的重要性。制定多样化的教材，包括不同文化背景、不同价值观的案例和故事，以便学生能够从多个角度理解道德与法治的重要性。因此，制定多样化的教材可以是解决这一问题的有效途径。首先，多元化的教材可以反映社会的多元化特征，包括不同文化背景、不同价值观的案例和故事，有助于学生理解和尊重不同文化、价值观。其次，多样化的教材可以帮助学生从多个角度思考问题，培养批判性思维、跨文化交流能力和全球意识，提高综合素养。再次，多样化的教材能够激发学生的学习兴趣，使他们更加积极主动地参与学习，提高学习效果。

制定多样化教材的主要方式：

首先，是整合多元资源。收集不同文化、不同领域的案例和故事，整合成多样化的教材资源。整合多元资源的方法可以帮助制定多样化的小学道德与法治教育教材。一是可以收集来自不同国家、不同民族的道德与法治教育案例和故事，让学生了解世界各地的道德与法治实践。也可以引入来自历史、文学、科学等不同领域的案例和故事，让学生从多

个角度理解道德与法治的内涵。二是整合互联网上的多元资源。包括图片、视频、音频等多媒体形式的资源，以丰富教材内容，增加学生的学习体验，并利用数字化技术，制作多媒体教材，结合文字、图片、音频、视频等形式，呈现多元化的案例和故事，提高教材的吸引力和趣味性。其次，是关联当代社会问题。引入当代社会问题，如环境保护、社会公平等，让学生了解当今社会的道德与法治挑战，培养他们对社会问题的认识和思考能力。同时结合实际案例，引入当代社会案例，如公益活动、社会新闻报道等，让学生从实际案例中理解道德与法治的现实意义，增强学习的实践性和生动性。再次，是在教学中引入不同立场和观点。在教材中引入不同立场和观点的案例和故事，让学生从多元视角思考问题，培养他们的批判性思维和包容性。并在教学过程中鼓励学生交流和讨论，分享不同的观点和看法，促进多元资源的有效利用和学生思维的碰撞。总之，通过以上的方法，可以制定多样化的小学道德与法治教育教材，丰富学生的学习内容，促进他们全面发展。

（二）组织学生参与实践活动

组织学生参与社区服务、模拟法庭活动等实践活动，让他们在实际中感受到道德与法治的意义，培养实践能力。小学道德与法治深度学习内容组织的片面化问题可以通过组织学生参与实践活动来解决。通过实践活动，学生可以将课堂所学的道德与法治知识应用到实际中，巩固学习成果，提高学习效果。参与实践活动也可以培养学生的实践能力和解决问题的能力，提高他们的综合素养和实际应用能力。通过实践活动，学生可以亲身感受到道德与法治的意义，形成正确的行为观念和社会责任感。

组织学生参与实践活动主要有以下做法：

一是社区服务活动。组织学生参与社区环境整治、义务劳动、志愿者活动等，让他们亲身感受到为社会作贡献的意义，培养社会责任感和公民意识。二是参观法治教育基地。组织学生参观法院、公安局等法治教育基地，让他们了解法律机构的工作和法治实践，增强对法治的认识和理解。三是推进学校与社会资源的整合。学校可以与社会资源进行合作，邀请社区领导、法律专家等参与学生实践活动，提供专业指导和支持。也可以创新实践形式，如组织学生开展法治主题的微电影拍摄、绘画比赛等，丰富实践活动的形式，增强学生的参与度和创造力。通过组织学生参与实践活动，可以解决小学道德与法治深度学习内容组织的片面化问题，促进学生全面发展。

（三）组织开展辩论与讨论

安排学生进行辩论和讨论，让他们从不同角度思考道德与法治问题，培养批判性思维和表达能力。小学道德与法治深度学习内容组织的片面化问题可以通过组织学生开展辩论与讨论来解决。首先，组织开展辩论与讨论可以培养学生的批判性思维。通过辩论与讨论，学生可以从不同角度思考问题，分析利弊，培养批判性思维和逻辑思维能力。其次，可以提高学生的表达能力。参与辩论与讨论可以锻炼学生的口头表达能力和逻辑思维能力，提高他们表达自己观点的能力。再次，促进思想碰撞。辩论与讨论可以促进不同观点的碰撞，激发思想火花，帮助学生更深入地理解道德与法治的问题。

组织开展辩论与讨论的具体方法主要有：一是设立辩题。根据小学生的实际情况，设立与道德与法治相关的辩题，如是否应该做一个诚实的人、如何看待欺诈行为等。二是分组辩论。将学生分成不同小组，让他们就相同的辩题展开辩论，同时培养合作意识和团队精神。三是引导讨论。组织学生进行小组讨论，让他们就特定话题进行深入思考和交流，引导他们从多个角度思考问题。四是引导学生思考。教师可以在辩论与讨论过程中引导学生思考，提出问题，促进学生思考的深度和广度。同时教师可以给予学生辩论表现的评价，并在必要时进行反驳，帮助学生更好地理解问题，加深对道德与法治的认识。通过组织学生开展辩论与讨论，可以解决小学道德与法治深度学习内容组织的片面化问题，促进学生全面发展。

（四）加强学校与家庭的合作

加强学校与家庭的合作，让家长参与学生道德与法治教育，共同培养学生正确的价值观和法治意识。小学道德与法治深度学习内容组织的片面化问题可以通过加强学校与家庭的合作来解决。首先，加强学校与家庭的合作可以实现家校共育的目标，形成学校教育和家庭教育的有机结合，共同培养学生的道德与法治素养。其次，学校和家庭共同合作，可以形成教育合力，增强学生的教育效果，使他们在家庭和学校两个重要领域都能接受到道德与法治教育的指导和培养。再次，学校和家庭的合作可以帮助学生建立正确的价值观和行为准则，促进他们的全面发展。

加强学校与家庭合作的具体做法主要有：一是家长参与学校教育活动。学校可以邀请家长参与道德与法治教育相关的家长会、主题讲座等活动，加强家校之间的沟通和交流。二是学校提供家庭教育指导。学校可以向家长提供相关的家庭教育指导，包括如何在家庭环境中培养孩子的道德与法治意识等方面的建议和指导。三是共同制订家校合作计划。学校和家长可以共同制订家校合作计划，明确双方的责任和义务，共同关注学生的道德与法治教育。四是学校可以组织教师家长联谊活动，增进双方的了解和信任，建立良好的合作关系，共同关心学生的成长和发展。通过加强学校与家庭的合作，可以解决小学道德与法治深度学习内容组织的片面化问题，促进学生全面发展，培养学生良好的道德与法治素养。总之，可以使小学道德与法治教育的深度学习内容更加全面和多样化，有助于学生全面发展。

（五）跨学科的教学设计

跨学科的教学设计是解决内容组织片面化问题的有效途径。教师可以将道德与法治知识与语文、历史、社会等学科内容相结合，通过跨学科的教学活动，帮助学生理解知识之间的内在联系和整体性。例如，在学习某一道德教育案例时，可以结合语文课程进行相关文学作品的阅读和讨论，从历史和社会角度分析案例背后的社会背景和价值观念，促进学生对道德与法治知识的深入理解。此外，引入跨学科的教学设计还可以激发学生的学习兴趣，提高他们对知识的整体把握能力。通过跨学科的教学设计，学生能够更好地理解知识的内在联系，形成更为完整的知识体系，培养综合素养。在实际教学中，教师可以通过制订跨学科的教学计划，设计跨学科的教学活动，引导学生进行综合性的学习和思考。同时，学校和教育部门也可以提供相关的跨学科教学资源和培训，支持教师开展跨学科教学实践，从而更好地解决内容组织的片面化问题，促进学生核心素养的全面发展。综上所述，通过跨学科的教学设计，将道德与法治知识和其他学科内容相结合，可以有效解决核心素养导向的小学道德与法治深度教学存在的内容组织的片面化问题，促进学生对知识的整体理解，培养学生的综合素养。

第三节 活动设计的浅层化

活动设计的浅层化是核心素养导向的小学道德与法治深度教学中的一个重要问题。这一问题表现为教学活动缺乏深度和挑战性，难以激发学生的批判性思维和创新能力。为解决这一问题，教师可以设计更具挑战性和启发性的教学活动，引导学生进行深入思考和探究，促进他们的批判性思维和创新能力的培养。

一、活动设计的浅层化问题的具体表现

小学道德与法治教学的教学活动设计的浅层化具体表现在以下几个方面：

（一）缺乏情境引入

教学活动缺乏真实生活情境的引入，过分依赖书本知识传授，缺乏

与学生实际生活经验结合的情境设计，使得教学活动的深度不足。教学活动设计缺乏多样性和创新性，过分依赖于传统的重复性教学方式，缺乏引导学生深入思考和探究的环节，使得教学活动的深度不够。同时也缺乏批判性思维培养，教学活动设计缺乏引导学生进行批判性思维的环节，过分注重知识的灌输和死记硬背，缺乏培养学生分析、评价和判断能力的环节，使得教学活动的深度不够。

（二）知识表面化

浅层化设计可能导致学生只是对道德与法治知识有一定的了解，但缺乏深入的思考和理解。他们可能只是记住了一些表面的知识点，而没有形成深刻的认识和体会。小学道德与法治深度学习存在的问题之一是知识表面化。这一问题主要表现在学生对道德与法治知识的理解停留在表面，缺乏深入的思考和内化。首先，缺乏深入理解。在浅层化的学习设计下，学生可能只是简单地记忆和理解道德与法治知识的表面意义，而缺乏对其背后原理和价值观的深入理解。他们可能只是了解一些规则和条文，而不明白其中的深层含义和道德观念。其次，缺乏情感投入。浅层化设计可能使得学生对道德与法治知识缺乏情感投入，只是停留在理性认知层面，而缺乏对道德行为和法治原则的情感认同和内化。再次，缺乏批判性思维。知识表面化可能导致学生缺乏批判性思维，只是接受表面的知识而不具备对道德与法治问题进行深入思考和分析的能力。他们可能无法质疑现有的道德观念和法治原则，也无法独立思考和解决道德困境。最后，应试倾向。知识表面化可能使得学生只是为了迎合考试而学习道德与法治知识，只是为了应付考试而记忆相关内容，而非真正理解和内化其中的道德与法治精神。因此，解决小学道德与法治深度学习中知识表面化的问题，需要设计更具深度和启发性的学习活动，引导学生进行深入思考和情感投入，培养其批判性思维和道德情感，以及建立与实际生活紧密联系的学习环境，促进道德与法治知识的深入理解和内化。

（三）缺乏深度思考

浅层化设计可能使得学生在学习过程中缺乏深度思考的机会，只是停留在表面的知识获取和简单的活动参与，而没有真正培养其批判性思维和问题解决能力。小学道德与法治深度学习存在的问题之一是缺乏深度思考。这一问题表现在学生对道德与法治知识的学习和理解停留在表面，缺乏深入的思考和分析。首先，学习活动的表面化。在浅层化设计的学习活动中，学生可能只是进行一些表面化的活动，如死记硬背法律条文或道德准则，而缺乏对其背后原理和实际应用的深入思考。其次，缺乏问题意识。学生可能缺乏对道德与法治问题的深刻理解和思考，只是停留在道德规范和法律条文的表面，而缺乏对现实生活中道德困境和法治挑战的深入思考和分析。再次，缺乏批判性思维。浅层化设计可能使得学生缺乏批判性思维，只是简单接受所学知识而不具备对道德与法治问题进行深入思考和分析的能力。他们可能无法质疑现有的道德观念和法治原则，也无法独立思考和解决道德困境。最后，缺乏实践机会。学生可能缺乏将所学知识应用到实际生活中的机会，导致他们无法通过实践经验来深入思考和理解道德与法治知识。因此，解决小学道德与法治深度学习中缺乏深度思考的问题，需要设计更具启发性和引导性的学习活动，引导学生进行深入思考和问题解决，提供实践机会，培养其批判性思维和问题解决能力，以及建立与实际生活紧密联系的学习环境，促进道德与法治知识的深入理解和内化。

（四）缺乏实践与应用

浅层化设计可能偏重于课堂内的理论学习和简单的活动，而缺乏将道德与法治知识应用到实际生活中的机会，导致学生难以将所学知识转化为实际行为和决策。小学道德与法治深度学习存在的问题之一是缺乏实践与应用。这一问题表现在学生学习道德与法治知识时缺乏将其应用到实际生活中的机会和能力。首先，在浅层化设计的学习活动中，学生可能只是停留在对书本知识的学习和理解，而缺乏将所学知识应用到实际生活中的机会。这样的学习方式难以激发学生的学习兴趣和参与度。其次，缺乏实践机会。学生可能缺乏参与真实生活中的道德与法治实践活动的机会，无法通过实践经验来深入理解和内化道德与法治知识。缺乏实践机会也使得学生难以将所学知识转化为实际行为和决策。再次，缺乏案例分析。浅层化的学习设计可能使得学生缺乏对真实案例的分析和讨论，无法通过具体案例来理解道德与法治知识在实际生活中的应用和意义。最后，缺乏角色扮演和模拟。学生可能缺乏在模拟情境中扮演不同角色，面对道德与法治问题进行讨论和决策的机会，这样的实践活动可以帮助他们更好地理解和应用所学知识。因此，解决小学道德与法治深度学习中缺乏实践与应用的问题，需要设计更具实践性和启发性的学习活动，提供学生参与实际生活中的道德与法治实践活动的机会，引导他们通过案例分析、角色扮演等方式将所学知识应用到实际情境中，促进道德与法治知识的深入理解和内化。

（五）缺乏系统性和连贯性

浅层化设计可能使得学生对道德与法治知识的学习缺乏系统性和连贯性，只是零散地接触一些知识点，而没有形成完整的认知结构。小学道德与法治深度学习存在的问题之一是缺乏系统性和连贯性。这一问题表现在学生学习道德与法治知识时缺乏系统性的学习框架和连贯的知识体系。首先，知识点零散化。在浅层化设计的学习活动中，学生可能只是零散地接触一些道德与法治知识点，而缺乏这些知识点之间的系统性联系和整体认识。这样的学习方式难以帮助学生建立起完整的认知结构。其次，缺乏知识串联。学生可能缺乏对不同知识点之间关联和相互影响的理解，无法将所学知识串联起来形成完整的认知链条，导致他们对道德与法治知识的整体认识不够清晰。再次，缺乏深度拓展。浅层化的学习设计可能使得学生缺乏对道德与法治知识的深度拓展，只是停留在对表面的知识获取而缺乏对知识的深入探究和理解。最后，缺乏实践指导。学生可能缺乏系统性的实践指导，无法将所学知识应用到实际生活中的系统性实践中，导致他们难以将道德与法治知识转化为实际行为和决策。因此，解决小学道德与法治深度学习中缺乏系统性和连贯性的问题，需要设计更具系统性和连贯性的学习框架，帮助学生建立起完整的认知结构，引导他们将不同知识点之间进行串联和整合，提供深度拓展的学习机会，以及为学生提供系统性的实践指导，促进对道德与法治知识的深入理解和内化。因此，针对小学道德与法治深度学习活动设计的浅层化问题，需要更加注重引导学生进行深入思考和探究，提供更多的实践机会，建立系统性的学习框架，以促进学生对道德与法治知识的深入理解和内化。

（六）缺乏跨学科整合

教学活动设计缺乏跨学科整合的元素，过分局限于某一学科的知识传授，缺乏多学科知识的交叉应用和整合，使得教学活动的深度受到限制。小学道德与法治深度学习存在的问题之一是缺乏跨学科整合。这一问题表现在学生学习道德与法治知识时缺乏将其与其他学科知识进行整合和交叉应用。首先，在浅层化设计的学习活动中，道德与法治知识往往被孤立地教授，与其他学科知识割裂开来，导致学生难以理解道德与法治知识与其他学科的联系和应用。其次，缺乏综合性思维。学生可能缺乏对道德与法治知识与其他学科知识的综合性思考和运用能力，无法将道德与法治知识与其他学科知识相结合，进行综合性的问题解决和决策。再次，浅层化的学习设计可能使得学生难以全面理解道德与法治知识。在现实生活中与其他学科知识相互作用的情况，无法深入理解其在综合性问题中的应用和意义。最后，学生可能缺乏在实际生活中将道德与法治知识与其他学科知识相结合进行综合性实践的机会，导致他们难以将所学知识在实际情境中进行综合性应用。因此，解决小学道德与法治深度学习中缺乏跨学科整合的问题，需要设计更具跨学科整合性的学习活动，帮助学生理解道德与法治知识与其他学科知识的联系和应用，培养他们的综合性思维和综合性实践能力，促进对道德与法治知识的全面理解和内化。

因此，小学道德与法治教学的教学活动设计的浅层化表现为缺乏情境引入、重复性强、缺乏批判性思维培养以及缺乏跨学科整合等方面的具体表现。为了提升教学活动的深度，需要注重情境化教学、多样化和创新性教学活动设计，培养学生的批判性思维能力以及跨学科整合等方面的工作。

二、活动设计的浅层化问题的原因剖析

小学道德与法治教学的教学活动设计出现浅层化问题的原因包括以下几个方面：

（一）学校教学环境的影响

学校教学环境对教师的教学活动设计也产生影响，包括教学资源的匮乏、教学压力的加大等因素，都会影响教师的教学活动设计，使其偏向浅层化。以下是学校教学环境对小学道德与法治深度学习活动设计产生影响的几个主要方面：一是教学资源匮乏。一些学校可能面临教学资源匮乏的问题，包括教学设备、教材、图书馆资源等。这可能限制了教师在道德与法治深度学习活动设计中的发挥，导致教学活动偏向表面化和机械化。二是教师素质参差不齐。学校中的教师素质参差不齐，部分教师可能缺乏深入的道德与法治知识和教学方法的专业知识，无法设计和开展具有深度的教学活动。这可能影响了教学活动设计的深度和启发性。三是教学评价体系偏向应试导向。一些学校的教学评价体系可能偏向以考试成绩为导向，教师和学生都可能过于关注知识的传授和应试技巧的培养，而忽视了对道德与法治知识深度理解和实践能力的培养。这可能导致教学活动设计过于注重应试技巧和表面性知识的掌握。四是教学氛围和文化。学校的教学氛围和文化对教学活动设计也有重要影响。如果学校重视应试教育，教学氛围偏向功利化，可能影响教师对深度学习活动的设计和实施。五是教学管理体制。学校的教学管理体制可能对教师的教学活动设计产生影响。如果教学管理体制重视课堂纪律和规范

化教学，可能限制了教师在教学活动设计中的创新和多样化。因此，学校教学环境对小学道德与法治深度学习活动设计产生着重要的影响。解决这一问题需要学校和教育管理部门重视教学资源的配置和师资培训，改进教学评价体系，营造积极的教学氛围和文化，以及支持教师在教学活动设计中的创新和多样化。

（二）教学理念和目标的落后

教师和教育机构可能过于注重知识的传授和应试教育，而忽视了培养学生的道德思维、法治意识和批判性思维能力。这可能导致教学活动设计过于注重表面性的知识传授，而忽视了深度思考和实践应用的重要性。小学道德与法治深度学习活动设计存在的问题之一是教学理念和目标的落后。首先，部分学校和教师可能仍然沿用传统的教学理念，过分强调知识传授和应试技能培养，而忽视了培养学生的道德思维、法治意识和批判性思维能力。这可能导致教学活动设计偏向表面性的知识传授，而忽视了深度思考和实践应用的重要性。其次，部分学校和教师可能对于道德与法治深度学习的教学目标设定模糊不清，缺乏对学生深度思维和实践能力的培养目标。这可能导致教学活动设计缺乏深度和启发性，无法有效地促进学生的道德与法治素养的提升。再次，传统的教学理念可能偏重于课堂内的理论教学，而忽视了实践导向的教学方式。道德与法治深度学习需要通过案例分析、角色扮演、社区实践等方式进行实践性教学，但部分教学理念可能未能充分重视这一点。最后，缺乏个性化教学。传统的教学理念可能偏向于集中统一的教学方式，而忽视了学生个体差异和个性化学习需求。道德与法治深度学习需要关注学生的个体差异，因此缺乏个性化教学可能影响了教学活动设计的深度和启发性。解决这一问题需要学校和教师更新教学理念，将学生的全面发展和深度学习置于教学目标的核心位置。教师需要关注学生的个体差异，设计多样化的教学活动，注重实践导向的教学方式，培养学生的批判性思维和实践能力。同时，学校和教育管理部门也需要提供相关的培训和支持，推动教学理念和目标的更新与转变。

（三）教学资源和条件落后

教师在教学过程中可能受到教学资源和条件的限制，无法设计和开展更具深度和启发性的学习活动。缺乏相关的教学辅助材料、实践环境和支持，可能导致教学活动设计偏向表面化和机械化。小学道德与法治深度学习活动设计存在教学资源和条件方面的问题：一是在教学设备和场地方面。一些学校可能面临教学设备和场地不足的问题，例如缺乏多媒体设备、实验器材或者适合开展实践活动的场地，这可能限制了教师在道德与法治深度学习活动设计中的发挥，导致教学活动偏向表面化和机械化。二是在教材和教辅资源方面。部分学校可能缺乏与道德与法治深度学习相关的优质教材和教辅资源，这可能限制了教师在教学活动设计中的选择和运用，影响了教学活动的深度和启发性。三是在师资队伍和专业培训方面。教师在道德与法治深度学习活动设计中发挥着关键作用，但部分学校可能存在师资队伍不足或者缺乏相关专业培训的问题，这可能影响了教师对深度学习活动的设计和实施。四是在实践环境和社区资源方面。道德与法治深度学习需要通过实践活动进行，但一些学校可能无法提供丰富的实践环境和社区资源，限制了学生参与实践性教学的机会。五是在教学支持和管理体系方面。学校的教学支持和管理体系可能对教学活动设计产生影响。如果学校缺乏完善的教学支持和管理体系，就可能限制教师在教学活动设计中的创新和多样化。解决这些问题需要学校和教育管理部门重视教学资源的配置，包括提供必要的教学设备和场地、丰富的教材和教辅资源，以及支持教师的专业培训和发展。同时，学校也可以积极开展与社区合作，充分利用社区资源，为学生提供丰富的实践环境和资源。此外，建立完善的教学支持和管理体系，促进教师在教学活动设计中的创新和多样化也是非常重要的。

（四）教师专业能力和认知水平不高

部分教师可能缺乏深入的道德与法治知识和教学方法的专业知识，

无法设计和开展具有深度的教学活动。教师的教学理念、认知水平和教学技能可能影响了教学活动设计的深度和启发性。小学道德与法治深度学习活动设计存在教师专业能力和认知水平方面的问题，这可能表现在以下几个方面：一是道德与法治知识储备不足。部分小学教师可能在道德与法治方面的专业知识储备不足，无法深入理解相关知识，也缺乏深度的教学设计能力。这可能导致教学活动设计偏向表面性的知识传授，而忽视了深度思考和实践应用的重要性。二是教学方法和策略不足。部分教师可能缺乏针对道德与法治深度学习的教学方法和策略，无法设计和开展具有深度的教学活动。教师的教学理念、认知水平和教学技能可能影响了教学活动设计的深度和启发性。三是跨学科整合能力不足。道德与法治深度学习需要跨学科整合，但部分教师可能缺乏相关领域的知识和能力，无法将不同学科的知识整合到教学活动中，影响了教学活动的深度和启发性。四是实践经验不足。部分教师可能缺乏相关领域的实践经验，无法有效地将理论知识与实践相结合，设计和开展具有深度的教学活动。解决这些问题需要学校和教育管理部门加强对教师的专业培训和发展，提升教师在道德与法治深度学习方面的专业能力和认知水平。这包括提供相关领域的专业知识、教学方法和策略的培训，以及跨学科整合能力的培养。同时，学校也可以鼓励教师参与实践活动，积累相关领域的实践经验，促进教师在教学活动设计中的创新和多样化。

（五）教学评价体系落后

小学道德与法治深度学习活动设计存在教学评价体系落后的问题，存在以考试成绩为导向的评价体系，教师和学生都可能过于关注知识的传授和应试技巧的培养，而忽视了对道德与法治知识深度理解和实践能力的培养。这可能导致教学活动设计过于注重应试技巧和表面性知识的掌握。首先，部分学校的教学评价体系可能过分重视学生的应试成绩，而忽视了对学生道德与法治素养的全面评价。这可能导致教师在教学活动设计中过分注重应试技巧和表面性知识的掌握，而忽视了对学生深度思维和实践能力的培养。其次，教学评价体系可能缺乏多元化的评价方式，无法全面评价学生在道德与法治深度学习方面的表现。如果评价方式过于单一，可能无法有效地反映学生的深度学习成果和实际能力，影响了教学活动设计的深度和启发性。再次，部分学校的教学评价体系可能缺乏明确的评价标准和指标，导致教师在教学活动设计中难以明确评价目标和要求。这可能影响了教学活动设计的深度和启发性，也影响了学生对于深度学习目标的把握。最后，道德与法治深度学习需要注重学生的过程性表现和实践能力，但部分教学评价体系可能过分注重结果性评价，忽视了学生在学习过程中的表现和成长。这可能影响了教学活动设计的深度和启发性。解决这一问题需要学校和教育管理部门重视教学评价体系的更新与改进，包括明确评价标准和指标，设计多元化的评价方式，注重学生的过程性表现和实践能力，以及促进教师对于深度学习目标的把握。同时，也需要鼓励教师在教学活动设计中充分考虑学生的全面发展和深度学习需求，设计符合深度学习目标的评价方式。

（六）教学内容和教材选择过于表面

小学道德与法治深度学习活动设计中存在教学内容和教材选择过于表面化的问题，部分教学内容和教材可能偏向于表面化的知识点和内容，缺乏深度和启发性的案例和实践活动。教学内容和教材的选择可能影响教学活动设计的深度和启发性。首先，教学内容缺乏深度。部分教学内容可能过于简单或者缺乏深度，无法真正引导学生深入思考和理解道德与法治的内涵。这可能导致学生对道德与法治的认识停留在表面，缺乏系统性和深度性。其次，教材选择不够全面。教材的选择可能存在局限性，过多地依赖于单一来源或者片面的材料，无法全面展现道德与法治的多样性和复杂性。这可能导致学生对于道德与法治的认识过于片面和局限。再次，缺乏案例分析和实践活动。道德与法治的学习需要结合实际案例进行分析和讨论，以及开展相关的实践活动。如果活动设计缺乏这方面的内容，学生将难以将所学知识应用到实际生活中，从而影响学习效果。针对这些问题，可以考虑对教学内容进行深入梳理和优化，确保内容既能够引发学生的兴趣，又能够引导他们深入思考和理解。可以结合案例分析、讨论等方式，引导学生探讨道德与法治问题。并积极寻找多样化的教材资源，包括书籍、文章、视频、图片等，从不同角度展现道德与法治的内容，让学生能够全面了解和思考。在教学程序上设计相关的实践活动，例如模拟法庭、角色扮演等，让学生在实际操作中体验道德与法治的重要性，加深对知识的理解和应用能力。通过以上改进措施，可以更好地解决小学道德与法治深度学习活动设计中教学内容和教材选择过于表面化的问题，提升学生的学习效果和深度理解能力。

综上所述，小学道德与法治深度学习存在浅层化问题的原因涉及教学理念、教学资源、教师专业能力、教学评价体系以及教学内容和教材选择等多个方面。解决这一问题需要综合考虑各种因素，重视教学深度和启发性，提升教师的专业素养，改进教学评价体系，丰富教学资源和教材内容，以及促进教学活动设计的创新和多样化。

三、活动设计的浅层化问题的解决方案

活动设计的浅层化问题的解决方案如下：

（一）设计开放性问题

小学道德与法治深度学习活动设计存在的浅层化问题可以通过设计开放性问题来解决。开放性问题指的是那些没有唯一答案，鼓励学生进行深入思考和探索的问题。教师可以设计开放性的问题或任务，鼓励学生进行深入思考和探究。这些问题或任务可以涉及现实生活中的道德与法治问题，让学生通过思考和讨论来寻找解决问题的途径，从而培养其批判性思维和解决问题的能力。首先，设计开放性问题可以激发学生的思维深度，帮助他们超越表面的知识掌握，深入思考和探索道德与法治的内涵和应用。这样的问题可以激发学生的好奇心和求知欲，促使他们

主动去思考和学习。其次，开放性问题有助于培养学生的批判性思维能力，让他们学会质疑和分析信息，形成独立的观点和判断。这种能力对于理解和应用道德与法治知识至关重要。再次，通过讨论和解答开放性问题，学生可以增强交流和合作能力，培养团队合作精神，同时从不同角度了解和思考道德与法治问题。最后，开放性问题的设计能够激发学生的自主学习兴趣，让他们在解决问题的过程中主动获取知识，培养自主学习的能力。因此，通过设计开放性问题，可以有效解决小学道德与法治深度学习活动设计中浅层化的问题，促进学生的深入思考和学习。

（二）引入案例分析

小学道德与法治深度学习活动设计存在的浅层化问题可以通过引入案例分析来解决。通过引入真实案例或情境，让学生从多个角度去分析和解决问题，从而促进学生的深入思考和批判性思维的培养。案例分析是一种深入挖掘问题本质、培养学生分析和解决问题能力的有效方式。首先，引入具体的案例可以帮助学生更深入地理解道德与法治的内涵和应用，使学习不再停留在表面，而是能够深入挖掘案例背后的道德与法治问题。其次，案例分析过程中，学生需要分析案例中的各种情境和冲突，理解其中的道德与法治问题，并提出解决方案。这有助于培养学生的分析和解决问题的能力。再次，案例分析可以让学生将所学的道德与法治知识应用到实际情境中，从而更好地理解和掌握知识。最后，引入生动的案例可以激发学生的学习兴趣，让他们在解决案例问题的过程中思考和讨论，从而提升学习的深度和广度。总之，通过引入案例分析，可以有效解决小学道德与法治深度学习活动设计中浅层化的问题，促进学生的深入思考和学习。

（三）进行团队合作项目

小学道德与法治深度学习活动设计中存在的浅层化问题可以通过进行团队合作项目来解决。设计团队合作项目，让学生在团队中共同探讨和解决道德与法治问题，从而培养学生的合作能力和创新能力。团队合作项目可以帮助学生深入思考、合作解决问题，并培养他们的批判性思维和创造力。首先，团队合作项目可以让学生从多个角度思考和解决问题，促进深度学习。通过团队合作，学生可以共同分析问题、制定解决方案，从而深入理解道德与法治的内涵。其次，在团队合作项目中，学生需要共同分析问题、讨论解决方案，这有助于培养他们的批判性思维能力，学会质疑和分析信息，形成独立的观点和判断。再次，促进交流和合作。团队合作项目可以促进学生之间的交流和合作，培养他们的团队合作精神和沟通能力，从而更好地理解和应用道德与法治知识。最后，通过团队合作项目，学生可以将所学的道德与法治知识应用到实际情境中，从而更好地理解和掌握知识。总之，通过进行团队合作项目，可以有效解决小学道德与法治深度学习活动设计中浅层化的问题，促进学生的深入思考和学习。

（四）提供资源丰富的学习环境

小学道德与法治深度学习活动设计中存在的浅层化问题可以通过提供资源丰富的学习环境来解决。为学生提供丰富的学习资源和信息，鼓励他们主动获取和整合知识，培养其自主学习和创新能力。一个资源丰富的学习环境可以激发学生的学习兴趣，帮助他们更深入地理解和应用道德与法治知识。首先，提供多种多样的学习资源，包括书籍、文章、视频、图片、互动课件等，以便学生从不同的角度深入了解道德与法治的内容，从而避免学习陷入表面化。其次，提供实践性的学习机会，例如模拟法庭、角色扮演、讨论小组等，让学生能够在实际操作中体验道德与法治的重要性，加强对知识的理解和应用能力。再次，为学生提供专业化的辅助资源，例如，邀请法律专家或社会工作者进行讲座，以及组织实地考察等，让学生从专业人士的经验中获取更深入的知识。最后，引入创新性的学习方式，例如游戏化学习、虚拟实验等，激发学生的好奇心和求知欲，促进学生更深入地思考和学习。通过提供资源丰富的学习环境，可以有效解决小学道德与法治深度学习活动设计中浅层化的问题，促进学生的深入思考和学习。

综上所述，通过以上措施，教师可以设计更具挑战性和启发性的教学活动，引导学生进行深入思考和探究，从而有效解决活动设计的浅层化问题，促进学生的批判性思维和创新能力的培养。通过设计开放性问题、引入案例分析、进行团队合作项目以及提供资源丰富的学习环境等方式，可以有效解决核心素养导向的小学道德与法治深度教学存在的活动设计浅层化问题，促进学生的综合素养和能力的全面发展。

第四节　学习评价的知识化

学习评价的知识化是核心素养导向的小学道德与法治深度教学中的一个重要问题。这一问题表现为评价过分注重学生对知识的掌握程度，而忽视了学生的综合素养和能力的培养。为解决这一问题，评价方式应更加多样化，不仅评价学生的知识掌握情况，还应注重评价学生的情感态度、价值观念和行为表现，从而更全面地了解学生的发展情况。

一、学习评价的知识化问题的具体表现

小学道德与法治教学的学习评价知识化的具体表现包括以下几个方面：

（一）重视死记硬背的知识考核

重视死记硬背的知识考核，学习评价过分侧重学生对道德与法治知识的记忆和理解能力的考核，评价内容主要围绕法律条文、道德准则等知识点展开，忽视对学生综合运用和分析能力的考量。小学道德与法治学习评价设计中只重视死记硬背的知识考核问题为以下几个方面：一是侧重于记忆而非理解。评价过于注重学生对知识点的死记硬背，而忽视

了对道德与法治知识的深入理解和应用能力。学生可能只是简单地记忆知识点，而缺乏对知识内涵和实际意义的理解。二是单一的评价方式。评价可能局限于传统的笔试形式，如选择题、填空题等，无法全面考察学生对道德与法治知识的理解和应用能力。这种单一的评价方式难以反映学生的实际学习水平。三是缺乏实践性评价。评价可能忽视了学生在实际情境中运用道德与法治知识的能力。缺乏对学生参与实践性学习活动的评价，无法全面了解学生对道德与法治知识的掌握程度。四是忽视批判性思维和创造性表达。评价可能忽视了学生的批判性思维和创造性表达能力，只注重学生对规定知识点的回答，而忽略了对道德与法治问题的深入思考和独立见解。这些问题导致学习评价过于知识化，无法全面反映学生对道德与法治知识的掌握和应用能力，限制了学生在道德与法治学习中的深度发展。因此，评价设计应该更加注重学生对道德与法治知识的理解和应用能力，引入多样化的评价方式，包括实践性评价、批判性思维评价和创造性表达评价，以更好地促进学生的综合发展。

（二）缺乏实践与情境的考核

学习评价缺乏对学生在实际情境中运用道德与法治知识的考核，过分注重书本知识的应试性考核，而忽视学生在实际生活中的道德决策和法治意识的表现。评价可能忽视了学生的批判性思维和创造性表达能力，只注重他们对规定知识点的回答，而忽略了学生对道德与法治问题的深入思考和独立见解。小学道德与法治学习评价设计中存在缺乏实践与情境的考核问题可能表现为以下几个方面。一是理论脱离实际。评价过于侧重于学生对道德与法治理论知识的掌握，而忽视了学生在实际情境中应用这些知识的能力。这导致评价结果不能全面反映学生的实际能力和应用水平。二是缺乏实践性考核。评价方式过于依赖书面测试，缺乏对学生在实际生活中运用道德与法治知识的考核。这使得学生在实践中的表现无法得到有效评价，影响了他们的综合素养发展。三是忽视情境因素。评价设计未能充分考虑到道德与法治问题的复杂情境，缺乏对学生在具体情境下分析、判断和决策的考核。这使得评价结果与实际应用能力存在脱节。四是缺乏综合性评价。评价过于局限于对特定知识点的考核，缺乏对学生综合运用道德与法治知识解决问题的考核。这导致评价结果不能全面反映学生的综合素养和实际能力。这些问题导致评价设计缺乏实践与情境的考核，使得评价结果无法全面反映学生在实际生活中应用道德与法治知识的能力。为解决这一问题，评价设计应该更加注重实践性考核，引入情境化评价方式，包括案例分析、角色扮演、实地考察等，以更好地考核学生在实际情境中的道德与法治应用能力，促进学生的全面发展。

（三）忽视道德情感和态度的评价

学习评价偏向于客观知识的考核，忽视对学生道德情感、价值观和态度的评价，缺乏对学生道德情感培养和态度塑造的关注。小学道德与法治学习评价设计中存在忽视道德情感和态度的评价问题可能表现为以下几个方面：一是重视知识而非情感。评价过于侧重于学生对道德与法治知识点的掌握，而忽视了对学生的道德情感和态度的培养。这导致评价无法全面反映学生的道德情感和态度的发展情况。二是缺乏对情感体验的考核。评价方式过于理性化，缺乏对学生道德情感体验和情感态度的考核。这使得学生的情感发展无法得到有效评价，影响了他们的道德素养培养。三是忽视情感因素。评价设计未能充分考虑到道德与法治问题对学生情感的影响，缺乏对学生道德情感体验和态度变化的考核。这使得评价结果与学生的道德情感发展存在脱节。四是缺乏综合性评价。评价过于局限于对知识点和行为的考核，缺乏对学生道德情感和态度的综合评价。这导致评价结果不能全面反映学生的道德情感和态度的发展情况。这些问题导致评价设计忽视了道德情感和态度的评价，使得评价结果无法全面反映学生的道德情感和态度的发展情况。为解决这一问题，评价设计应该更加注重对学生道德情感和态度的评价，引入情感体验和态度变化的评价方式，包括情感体验记录、情感态度问卷调查等，以更好地评价学生的道德情感和态度的发展情况，促进学生的全面发展。

（四）缺乏综合性评价

学习评价缺乏对学生综合素养的评价，过分注重单一的考核形式，忽视对学生综合道德素养和法治意识的全面评价。评价可能忽视了学生在实际情境中运用道德与法治知识的能力。缺乏对学生参与实践性学习活动的评价，无法全面了解学生对道德与法治知识的掌握程度。小学道德与法治学习评价设计中存在缺乏综合性评价的问题可能表现为以下几个方面：一是单一评价指标。评价过于侧重于某一方面的考核，如知识点掌握或书面测试，而忽视了学生的综合素养和能力发展。这导致评价结果不能全面反映学生的综合表现。二是缺乏跨学科评价。评价设计未能充分考虑到道德与法治知识与其他学科的交叉点，缺乏对学生跨学科综合能力的评价。这使得评价结果不能全面反映学生的跨学科综合素养。三是忽视实践与情境的综合考核。评价方式过于依赖书面测试，缺乏对学生在实际情境中综合运用道德与法治知识的考核。这使得学生在实践中的综合表现无法得到有效评价，影响了他们的全面素养发展。四是缺乏多元化评价方式。评价过于局限于传统的笔试形式，缺乏多元化的评价方式，如项目作业、口头表达、实践活动等。这导致评价结果不能全面反映学生的多方面表现。这些问题导致评价设计缺乏综合性评价，使得评价结果无法全面反映学生的综合素养和能力发展情况。为解决这一问题，评价设计应该更加注重综合性评价，引入多元化的评价方式，包括跨学科评价、实践性评价、多元化项目评价等，以更好地评价学生的综合素养和能力发展情况，促进学生的全面发展。五是评价标准单一化。学习评价的标准过于单一，难以全面反映学生在道德与法治教育方面的表现，缺乏多元化的评价标准和方法。评价可能局限于传统的笔试形式，如选择题、填空题等，无法全面考察学生对道德与法治知识的理解和应用能力。这种单一的评价方式难以反映学生的实际学习水平。

因此，小学道德与法治教学的学习评价知识化的具体表现为重视死记硬背的知识考核、缺乏实践与情境的考核、忽视道德情感和态度的评价、缺乏综合性评价以及评价标准单一化等方面。为了提升学习评价的质量，需要注重综合素养的评价，关注学生的实际表现和情感态度的培养，设计多样化的评价方法，建立综合性的评价体系，促进小学道德与法治教学评价更加全面和多元。

二、学习评价的知识化问题的原因剖析

小学道德与法治教学的学习评价知识化的原因包括以下几个方面：

（一）评价标准只侧重对知识的考核

教育部门制定的课程标准和考试要求强调对知识的考核，导致学校和教师在学习评价时更倾向于学生对法律法规、道德准则等知识的掌握和理解，而忽视了对学生的实际行为和态度的评价。在当前教育体制下，对学生的评价标准主要侧重于知识的考核，而深度学习活动设计可能受到传统评价标准的制约，导致教师和学生更倾向于注重死记硬背知识。而教育资源不足可能导致教师在教学设计中更倾向于采用传统的死记硬背方式，因为这种方式更容易实施和评价，而深度学习活动设计需要更多的教育资源和精力。同时，一些教师可能对于深度学习活动设计缺乏足够的了解和能力，无法有效地引导学生进行深度学习，因此更倾向于采用传统的死记硬背方式。针对这些问题，可以考虑更新教育评价标准，将对学生综合素质和能力的评价纳入考量，不再只侧重对知识的考核，从而促进深度学习活动设计的发展。逐步解决小学道德与法治深度学习活动设计重视死记硬背知识考核的问题，促进学生综合素质和能力的全面发展。

（二）教师教学理念不够与时俱进

部分教师受传统的教学理念和方法的影响，更注重对知识的传授和考核，忽视对学生实际行为和情感态度的评价，导致学习评价知识化。

小学道德与法治深度学习活动设计缺乏实践与情境的考核的原因可以从多个方面进行剖析。评价标准只侧重对知识的考核是其中一个重要原因，评价标准可能过于侧重知识的掌握，而忽视了对实践能力和情境应用能力的考核。这可能是由于评价标准的设计者对于实践与情境考核的重要性认识不足所致。而教师在设计深度学习活动时可能受到教学资源的限制，无法为学生提供足够的实践机会和情境模拟。缺乏实践与情境的考核可能与教学资源的匮乏有关。同时教育体制对于评价的要求和考核方式可能存在局限，导致评价标准偏向于传统的知识考核，而忽视了实践与情境的考核。还有教师在专业发展中可能缺乏相关的培训和指导，导致他们在设计深度学习活动时无法有效地融入实践与情境的考核。针对这些原因，评价标准应该全面考量知识、实践能力和情境应用能力，确保评价的全面性和客观性。学校和教育部门可以提供更多的教学资源，支持教师设计和实施带有实践与情境考核的深度学习活动。总之，小学道德与法治深度学习活动设计缺乏实践与情境的考核可能存在多方面的原因，需要教育部门、学校和教师共同努力，采取多种措施来改善这一不足，从而促进学生综合素质的提升。

（三）学生学习动机和态度的影响

学生在学习过程中更注重对知识的掌握和应试技巧的培养，而忽视对道德情感和态度的培养，这也会影响学习评价的知识化。小学道德与法治深度学习活动设计忽视道德情感和态度的评价可能存在多方面的原因，其中学生学习动机和态度的影响是一个重要因素。传统的评价方式可能更注重知识和技能的考核，而忽视了对道德情感和态度的评价。这可能导致教师在设计深度学习活动时偏向于强调知识和技能的传授，而忽视了对学生道德情感和态度的培养和评价。同时教师可能在评价学生时更倾向于客观可量化的指标，而对于道德情感和态度的评价更为主观和难以量化，因此可能忽视了这一方面的评价。教师的认知和态度对于学生学习动机和态度的培养具有重要影响。再加上一些学校可能更注重学术成绩和知识技能的培养，而对于道德情感和态度的培养并未赋予足够的重视。这可能导致学校在深度学习活动设计中忽视了对学生道德情感和态度的评价。总之，学生的学习动机和态度对于道德与法治深度学习活动的设计和评价具有重要影响。如果学生缺乏对道德学习的积极态度和情感投入，可能导致教师在设计活动时更注重表面的知识传授，而忽视了对学生道德情感和态度的培养。针对这些原因，设计更全面的评价体系，包括对道德情感和态度的评价。可以采用定性和定量相结合的方式，通过观察、访谈、问卷等多种方法来评价学生的道德情感和态度。最后，小学道德与法治深度学习活动设计忽视道德情感和态度的评价可能存在多方面的原因，需要教育部门、学校和教师共同努力，采取多种措施来改善这一不足，从而促进学生综合素质的提升。

（四）社会认知和评价体系的影响

社会对教育评价体系的认知和偏好也影响学校和教师的评价方式，如果社会更注重对知识的考核，学校和教师也更倾向于知识化的评价方式。小学道德与法治深度学习活动设计缺乏综合性评价的原因可以从社会认知和评价体系的影响进行剖析。社会认知对于教育评价体系的构建和实施具有重要影响。在一些社会文化背景下，教育评价可能更注重学术成绩和标准化考试，而忽视了学生的综合素质和道德情感的培养。这种社会认知的影响可能导致小学道德与法治深度学习活动设计缺乏综合性评价。而一些评价体系可能更偏向于传统的知识和技能考核，而对于道德情感、社会交往能力等综合素质的评价相对不足。这种评价体系的局限性可能影响了小学道德与法治深度学习活动设计的评价方式。再加上一些教育政策和指导文件可能更注重学术成绩和标准化考试，而对于综合素质和道德情感的培养并未给予足够的重视。这可能导致学校和教师在深度学习活动设计中忽视了综合性评价。同时教师和家长对于教育评价的认知和期望也会对深度学习活动设计的评价方式产生影响。如果教师和家长更注重学术成绩和标准化考试，可能会影响教师在设计深度学习活动时的评价方式。针对这些原因，教育部门可以推动教育改革，重新审视教育评价的价值取向，强调对学生综合素质和道德情感的培养和评价，从而影响深度学习活动设计的评价方式。总之，小学道德与法治深度学习活动设计缺乏综合性评价可能存在多方面的原因，需要教育部门、学校和教师共同努力，采取多种措施来改善这一不足，从而促进学生综合素质的提升。

因此，小学道德与法治教学的学习评价知识化的原因主要包括课程标准和考试导向、教师教学理念和方法的影响、教学资源和条件的限制、学生学习动机和态度的影响以及社会认知和评价体系的影响。为了改变这种状况，需要更加注重学生综合素养的评价，设计多样化的评价方式，关注学生的实际行为和情感态度，促进小学道德与法治教学评价更加全面和多元。

三、学习评价的知识化问题的解决方案

为解决学习评价的知识化问题，教师可以采取以下措施：

（一）多元化评价方式

小学道德与法治深度学习活动设计的学习评价中存在的知识化问题，主要体现在评价方式单一、过于侧重知识性考核等方面。除了传统的笔试和考试，教师还可以采用口头答辩、项目展示、作品评比等多种评价方式，全面了解学生的学习情况和发展情况。为解决这一问题，可以实施多元化评价方式，包括以下几个方面的措施。一是引入综合素质评价。除了传统的考试成绩外，可以引入综合素质评价，包括道德品质、法治意识、团队合作能力等方面的评价，通过日常表现、作业表现等多方位来综合评价学生的学习情况。二是开展项目评价。引入项目评价的方式，让学生参与道德与法治深度学习活动设计的实际项目，通过项目成果、过程表现等来评价学生的学习情况，更能体现学生的实际能力和综合素质。三是鼓励口头表达评价。鼓励学生进行口头表达，可以通过小组讨论、主题发言等形式，评价学生对道德与法治深度学习活动设计

内容的理解和表达能力。四是进行反思评价。鼓励学生进行学习反思，通过记学习日记、写心得体会等形式，评价学生对道德与法治深度学习活动设计的认识和思考能力。通过实施多元化评价方式，可以更全面、客观地评价学生的道德与法治深度学习活动设计的学习情况，避免过于侧重知识性考核，更能促进学生全面发展。

（二）注重学习过程评价

小学道德与法治深度学习活动设计的学习评价中存在的知识化问题，可以通过注重学习过程评价来解决。不仅关注学生的学习成绩，还应注重对学生学习过程中的表现进行评价，包括学习态度、合作能力、创新能力等方面的评价。以下是一些解决方案：一是鼓励学生记录学习日志和反思。鼓励学生记录学习日志，包括他们对道德与法治深度学习活动设计的理解、体会和反思。这可以帮助评估学生在学习过程中的成长和反思能力。二是进行学习表现评价。评价学生在学习过程中的表现，包括参与讨论、提出问题、解决问题的能力，以及对他人观点的尊重和理解等。这可以帮助评估学生在学习过程中的主动性和合作能力。三是进行个性化学习轨迹评价。了解每个学生在学习过程中的个性化学习轨迹，包括他们的学习兴趣、学习习惯和学习策略等。这可以帮助评估学生在学习过程中的个性化发展和成长。四是进行项目成果评价。评价学生在学习过程中完成的项目成果，包括他们的创造性、批判性思维和解决问题的能力等。这可以帮助评估学生在学习过程中的实际能力和成果。通过注重学习过程评价，可以更全面地评估学生在道德与法治深度学习活动设计中的学习情况，避免过分强调知识性考核，更能促进学生全面发展。

（三）引入自评和互评

小学道德与法治深度学习活动设计的学习评价存在知识化问题，解决方案之一是引入自评和互评机制。鼓励学生参与自评和互评，让他们对自己和同学的学习情况进行评价，促进学生的自我认知和自我管理能力的培养。以下是一些解决方案：一是鼓励自评。鼓励学生对自己的学习过程进行评价，让他们反思自己的学习情况、学习目标的实现情况以及学习方法的有效性。学生可以通过写学习总结、设立学习目标等方式进行自我评价，这有助于培养学生的自我认知和自我管理能力。二是鼓励互评。鼓励学生相互之间进行学习成果和学习过程的评价，可以通过小组讨论、合作项目等形式进行互评。学生可以学会尊重他人、理解不同观点，并从他人的评价中获得反馈和改进建议。三是引导教师参与。教师可以在学生自评和互评的基础上进行指导和辅导，帮助学生更客观地评价自己和他人，同时及时发现并纠正评价中的偏差。通过引入自评和互评机制，可以帮助学生更全面地认识自己的学习情况，培养他们的自我管理和合作能力。同时，也有助于减轻教师的评价负担，促进学生之间的互动和合作。

（四）结合综合素养评价

评价过程中应综合考虑学生的知识掌握情况、情感态度、价值观念和行为表现，从而更全面地了解学生的发展情况，促进学生的全面发展。小学道德与法治深度学习活动设计的学习评价的知识化问题可以通过结合综合素养评价来解决。首先，建立综合素养评价体系，包括认知素养、情感素养、社会素养、学习素养等多方面的评价指标。这些指标能更全面地评价学生在道德与法治深度学习活动设计中的学习情况，避免过分强调知识性考核。其次，鼓励学生通过展示作品、口头陈述、实际操作等形式展示他们在道德与法治深度学习活动设计中的学习成果，评价学生的创造性、批判性思维和解决问题的能力。再次，重视学生在学习过程中的表现和态度，包括参与讨论、提出问题、解决问题的能力，以及对他人观点的尊重和理解等。这有助于评价学生的主动性、合作能力和情感素养。最后，了解每个学生在学习过程中的个性化学习轨迹，包括学习兴趣、学习习惯和学习策略等。这有助于评价学生的个性化发展和学习素养。通过结合综合素养评价，可以更全面地评价学生在道德与法治深度学习活动设计中的学习情况，促进学生全面发展，培养学生的创造力、合作能力和情感素养。通过以上措施，可以解决学习评价的知识化问题，使评价方式更加多样化，更全面地了解学生的发展情况，促进学生的全面发展。

综上所述，通过多元化评价方式、注重过程评价、引入自评和互评以及结合综合素养评价等方式，可以有效解决核心素养导向的小学道德与法治深度教学中存在的学习评价的知识化问题，促进学生的全面发展。

第三章　核心素养导向的小学道德与法治深度教学的要素与策略

第一节　核心素养化设计教学目标

一、设计教学目标需考虑的因素

核心素养导向的小学道德与法治深度教学中，教学目标的设计至关重要，因为教学目标直接关系到学生的学习效果和素养培养。具体包括以下几点：

一是充分考虑综合素养导向方面。在设计教学目标时，应该考虑学生的道德品质、法治意识、批判性思维等方面的发展，而不仅仅局限于知识的传授。综合素养导向意味着教学目标的制定应该注重学生的情感态度、价值观念和行为习惯的培养，以及培养学生的批判性思维和解决问题的能力。这种综合素养导向的教学目标设计不仅关注学生的认知层面，更关注学生的情感、态度和行为习惯的培养，以及他们在面对问题时的思考和解决能力。因此，综合素养导向的教学目标设计是以学生的全面发展为出发点，旨在培养学生的综合素养，使其在知识、情感、态度和行为习惯等方面得到全面的提升和发展。这种教学目标设计能够更好地满足当今社会对学生综合素养的需求，促进学生的全面发展和成长。

二是充分考虑全面性和层次性方面。教学目标的全面性和层次性是非常重要的，因为它们能够确保学生在各个方面都得到充分的发展和提升。全面性意味着教学目标不仅仅关注学科知识的学习，还要关注学生的情感态度和价值观念的培养。这种全面性的教学目标设计能够帮助学生在认知、情感和行为习惯等方面都得到全面的发展，使其成为具有综合素养的人才。另外，教学目标还应该根据学生的年龄特点和认知水平进行分层设定，确保目标的达成具有可操作性和针对性。不同年龄段的学生具有不同的认知能力和发展特点，因此教学目标需要根据这些特点进行分层设定，以确保目标对学生来说既具有挑战性又具有可实现性。这样的分层设定能够更好地指导教学实践，促进学生的学习和发展。因此，教学目标的全面性和层次性能够帮助教师更好地指导学生的学习和发展，促进学生在各个方面的全面提升，使其成为具有综合素养的人才。

三是充分考虑贴近学生实际需求方面。教学目标的设计应该贴近学生的实际需求，与学生的生活经验和成长环境相结合。这样的教学目标设计能够增加学生的学习兴趣，提高他们学习的积极性和主动性。当教学目标与学生的实际需求相贴近时，学生更容易理解目标的重要性和实际意义，从而更愿意投入学习。教学目标贴近学生的生活经验和成长环境，可以帮助学生将所学知识与实际情境相联系，增强学习的实用性和可操作性，激发学生的学习兴趣和动力。此外，贴近学生实际需求的教学目标设计还能够更好地激发学生的学习积极性和主动性。当学生感到他们学习的内容与自己的生活息息相关，他们会更愿意积极参与学习过程，更主动地探索和学习新知识，从而提高学习效果。因此，教学目标的设计应该充分考虑学生的实际需求，与他们的生活经验和成长环境相结合，以增加学生的学习兴趣，提高他们学习的积极性和主动性。

四是充分考虑可操作性和可衡量性方面。教学目标应该具备可操作性和可衡量性，这意味着学生能够根据目标进行具体的学习活动，并且教师能够通过观察、测验等方式对学生的目标达成情况进行评价和反馈。具备可操作性的教学目标能够指导学生进行具体的学习活动。学生应该能够清晰理解目标，并据此展开相应的学习行动。这样的目标能够帮助学生明确自己的学习方向，有助于提高学习的效率和成果。同时，教学目标也应该具备可衡量性，即能够通过观察、测验等方式对学生的目标达成情况进行评价和反馈。这样的评价和反馈能够帮助学生了解自己的学习状况，指导他们进行进一步的学习调整和提高。教学目标的可操作性和可衡量性也有助于教师进行教学过程的管理和评价。教师能够根据学生的学习情况进行有针对性的教学安排和指导，从而更好地促进学生的学习。同时，教师也能够通过对学生目标达成情况的评价和反馈，及时发现问题并进行调整，以提高教学效果。因此，教学目标具备可操作性和可衡量性对于学生和教师来说都非常重要。这样的目标能够指导学生的学习活动，促进学生的学习和发展，并且有助于教师进行教学管理和评价，提高教学效果。

五是充分考虑与核心素养导向相契合方面。教学目标的设计应与核心素养导向相契合，注重学生的核心素养培养，包括道德品质、法治意识、批判性思维等方面的发展，使之与学生的实际需求更加贴合。核心素养是指学生在学习过程中应该获得的基本素养和能力，包括但不限于道德品质、法治意识和批判性思维等。教学目标应当与这些核心素养相契合，以确保学生在学习过程中全面发展，不仅仅是在学科知识方面，还包括道德、法治等方面的发展。通过与核心素养导向相契合的教学目标设计，学生可以更好地获得这些核心素养，提高他们的综合素养水平。这种教学目标设计能够使学生的学习更加贴合实际需求，有助于他们成为具有全面素养的公民，能够更好地适应社会发展的需求。因此，教学目标的设计应与核心素养导向相契合，注重学生核心素养的培养，使之与学生的实际需求更加贴合，从而促进学生的全面发展和综合素养的提升。

综上所述，在核心素养导向的小学道德与法治深度教学中，教学目标的设计应该注重综合素养导向、全面性和层次性、贴近学生实际需求、可操作性和可衡量性，以及与核心素养导向相契合。这样设计出的教学目标才能更好地促进学生的全面发展和核心素养的培养。

二、设计教学目标的步骤

核心素养导向的小学道德与法治深度教学中，设计教学目标的流程可以分为以下几个步骤：

一是分析课程标准和素养要求。教师在设计核心素养化的教学目标时，需要仔细分析相关的课程标准和素养要求。特别是在小学道德与法治课程中，这一步骤尤为重要。教师需要明确小学道德与法治课程所要求培养的核心素养，以及学生在道德与法治方面应具备的基本知识、能力和态度。首先，教师需要深入研读相关的课程标准和素养要求，了解课程设置的宗旨、目标和要求。在这个过程中，教师可以明确小学道德与法治课程所要求培养的核心素养，比如道德品质、法治意识、社会责任感等方面的要求。同时，教师也需要理解学生在道德与法治方面应具备的基本知识、能力和态度，比如对公民的基本权利和义务的认识、法律意识的培养、批判性思维能力的提升等。其次，教师还需要结合学生的实际情况和成长特点，对课程标准和素养要求进行分析和梳理。教师可以根据学生的年龄、认知水平和生活经验，对培养的重点、路径和方式进行进一步的思考和调整，以确保教学目标的设计符合学生的实际需求和发展特点。因此，教师在设计核心素养化的教学目标时，需要通过仔细分析相关的课程标准和素养要求，明确小学道德与法治课程所要求培养的核心素养，以及学生在道德与法治方面应具备的基本知识、能力和态度，从而为教学目标的设计奠定坚实的基础。

二是确定教学内容和重点领域。在明确了课程标准和素养要求后，教师需要确定教学内容和重点领域，包括道德教育的基本理念、法治知识的重点内容，以及相关的案例分析和实践活动等。首先，教师需要根据课程标准和素养要求，明确道德教育的基本理念。这包括道德教育的宗旨、目标和核心价值观，以及培养学生良好道德品质和行为习惯的方法和途径。教师可以结合学生的实际情况和成长特点，确定适合的道德教育理念和方法，以便更好地引导学生树立正确的道德观念和行为准则。其次，教师需要确定法治知识的重点内容。这包括基本的法律常识、法治意识的培养、公民的基本权利和义务等方面的内容。教师可以结合具体的法治教育要求，确定学生需要掌握的法律知识和相关概念，以及培养学生的法治意识和法律素养的重点内容。最后，教师还需要确定相关的案例分析和实践活动。通过案例分析，学生可以深入理解道德与法治知识的实际应用和意义，培养批判性思维和解决问题的能力。同时，通过实践活动，学生可以将所学的道德与法治知识运用到实际生活中，增强学习的实用性和可操作性。因此，教师在设计核心素养化的教学目标时，需要在明确课程标准和素养要求后，确定教学内容和重点领域，包括道德教育的基本理念、法治知识的重点内容，以及相关的案例分析和实践活动等，以确保教学目标与教学内容相契合，促进学生核心素养的全面发展。

三是制定教学目标。根据课程标准和素养要求，以及确定的教学内容和重点领域，教师可以开始制定教学目标。教学目标应该包括知识、能力和情感态度等方面的要求，具有全面性和层次性。首先，教师需要根据课程标准和素养要求，明确教学目标所涉及的知识范围。这包括学生应该掌握的道德与法治知识内容，以及相关的概念、原理和规定等。教师可以根据教学内容和学生的实际情况，确定知识目标的具体要求和层次，以便更好地指导学生的学习和掌握知识。其次，教师还需要考虑教学目标涉及的能力要求。除了知识的传授，教学目标还应该包括学生在道德与法治方面所需具备的能力，比如批判性思维能力、问题解决能力、法律意识等方面的培养。教师可以根据素养要求和学生的实际情况，确定相关能力目标的具体要求和培养路径，以便更好地促进学生的综合素养发展。最后，教师还需要考虑教学目标涉及的情感态度方面的要求。在道德与法治教育中，培养学生良好的情感态度和价值观念同样重要。教学目标应该包括学生在道德与法治方面所需具备的情感态度，比如责任感、公平正义观念、法治意识等方面的培养。教师可以通过设定情感态度方面的目标，引导学生树立正确的情感态度和价值观，促进其全面发展。因此，教师在设计核心素养化的教学目标时，应该根据课程标准和素养要求，以及确定的教学内容和重点领域，制定适应包括知识、能力和情感态度等方面要求的全面性和层次性教学目标，以促进学生在道德与法治方面的全面发展。

四是确定教学目标的层次和关联性。教学目标应该具有层次性，根据学生的年龄特点和认知水平进行分层设定，确保目标的达成具有可操作性和针对性。此外，教学目标之间应该具有内在的关联性，相互之间能够形成有机的整体。首先，针对学生的年龄特点和认知水平，教学目标应该进行分层设定。不同年龄段的学生具有不同的认知水平和发展特点，因此教学目标应该根据这些特点进行分层设置。比如在小学阶段，学生的认知能力和自我控制能力相对较弱，教学目标可以注重培养基本的道德情感和法治意识；而到了初中阶段，学生的思维能力和社会认知能力逐渐增强，教学目标可以更加注重培养批判性思维和法治实践能力。通过分层设定教学目标，可以确保目标的达成具有可操作性和针对性，更好地指导教学实践。其次，教学目标之间应该具有内在的关联性，相互之间能够形成有机的整体。不同的教学目标之间并不是孤立的，它们应该相互联系、相互支持，形成一个有机的整体。比如在道德与法治教育中，培养学生的道德品质和法治意识是一个渐进的过程，不同层次的教学目标之间应该有内在的衔接和延伸，构成一个完整的教育体系。这样设计的教学目标能够更好地引导学生的学习和发展，促进其全面素养的培养。因此，教学目标应该具有层次性，根据学生的年龄特点和认知水平进行分层设定，确保目标的达成具有可操作性和针对性。

同时，教学目标之间应该具有内在的关联性，相互之间能够形成有机的整体，以促进学生的全面发展和综合素养的提升。

五是设计教学活动和评价方式。根据确定的教学目标，教师可以设计相应的教学活动和评价方式，以促进学生对教学目标的达成。教学活动应该贴近学生的实际需求，激发学生的学习兴趣和主动性；评价方式应该具备可操作性和可衡量性，能够全面地了解学生的学习情况和发展情况。首先，教学活动的设计应该贴近学生的实际需求，激发学生的学习兴趣和主动性。针对特定的教学目标，教师可以设计多样化、生动有趣的教学活动，以吸引学生的注意力和积极参与。例如，可以采用案例分析、角色扮演、小组讨论、实地考察等形式，让学生在实际情境中感受和体验道德与法治知识的应用，激发他们的学习兴趣和主动性，提高学习效果。其次，评价方式应该具备可操作性和可衡量性，能够全面地了解学生的学习情况和发展情况。教师可以设计多样化的评价方式，包括课堂表现评价、作业与项目评价、考试评价等，以全面地了解学生在道德与法治方面的知识掌握、能力发展和情感态度等方面的表现。同时，评价方式也应该注重学生的个性化和全面发展，鼓励学生在实践中不断探索和提升，促进其核心素养的全面发展。

六是调整和完善。教学目标的设计是一个动态的过程，教师可以根据实际教学情况对教学目标进行调整和完善，确保其能够更好地促进学生的全面发展和核心素养的培养。首先，随着教学实践的深入，教师可以不断地对教学目标进行评估和反思。通过观察学生的学习情况、与学生的互动交流以及对教学效果的评估，教师可以及时发现教学目标设计中的不足之处，包括目标的过高或过低、不够具体或不够实际等问题。在实际教学中，教师可以根据这些发现对教学目标进行调整和完善，使其更加符合学生的实际需求和教学实践的特点。其次，教师还可以根据学生的反馈和需求对教学目标进行调整。学生作为教学的主体，其学习需求和兴趣是影响教学目标设计的重要因素。教师可以通过与学生的沟通和反馈，了解学生对教学目标的理解和接受程度，以及他们的学习兴趣和需求，从而及时调整和完善教学目标，更好地激发学生的学习动力和促进其全面发展。最后，教学目标的动态调整也需要考虑教学环境和社会背景的变化。随着社会的发展和变化，教学环境和教育需求也在不断变化。教师需要关注社会背景和教育政策的变化，及时调整教学目标，使其更加贴近社会需求和时代发展的要求，更好地促进学生核心素养的培养和全面发展。

通过以上流程，教师可以设计出符合核心素养导向的小学道德与法治深度教学要求的教学目标，从而更好地指导教学实践，促进学生的全面发展和核心素养的培养。

第二节　结构化构建教学内容

一、以核心素养要素为主题构建教学内容

（一）以政治认同素养为主题构建教学内容

在核心素养导向的小学道德与法治深度教学中，以政治认同素养为主题构建教学内容需要考虑以下方面：

一是确定教学内容的核心要点。政治认同素养包括对国家、社会和政治制度的认同，以及对公民责任和义务的理解。教学内容的核心要点应该包括国家制度、公民权利和义务、参与政治生活等方面的知识和概念。在构建教学内容时，首先，需要深入介绍国家制度，包括国家的组织结构、政府职能、立法机构和司法机构等方面的知识。学生需要了解国家的基本运作方式，以及国家制度对于社会和个人的意义。其次，教学内容还应涵盖公民权利和义务的内容。这包括公民在法律上享有的权利，如言论自由、宗教信仰自由、参政权等，同时也需要强调公民应当

履行的义务，如守法、纳税、参与公共事务等。最后，教学内容应该引导学生了解和参与政治生活。这包括政治参与的方式和途径，如选举投票、民意调查、政治讨论等，以及如何有效地表达自己的政治意见和诉求。通过这些核心要点的教学内容，学生可以建立起对国家、社会和政治制度的认同，同时也能够理解并履行公民责任和义务，从而提高其政治认同素养。

二是引入案例分析和实践活动。从教学角度出发，引入案例分析和实践活动是非常有效的教学方法，特别是在涉及政治认同素养这样的主题时。通过案例分析和实践活动，学生可以更直观地理解政治认同素养的概念，加深对相关知识的理解，并培养相关技能和素养。以下是从引入案例分析和实践活动角度论述政治认同素养为主题构建教学内容的几点观点：首先，提升学生参与度。案例分析和实践活动可以帮助学生更加积极地参与课堂，通过参与讨论和分析案例，学生可以更好地理解政治认同素养的内涵和实践意义，增强学习的深度和广度。其次，培养批判性思维。通过案例分析，学生可以学会从多个角度去思考和分析问题，培养批判性思维能力。在实践活动中，学生可以通过亲身参与来感受政治认同素养的重要性，培养自己的批判性思维和问题解决能力。再次，增强实践能力。政治认同素养的培养需要学生具备一定的实践能力，通过实践活动，学生可以更好地将理论知识应用到实际中去，提升自己的实践能力和解决问题的能力。最后，培养团队合作精神。在实践活动中，学生通常需要进行团队合作，这有助于培养学生的团队合作精神和沟通能力，这些都是政治认同素养所需要的重要素质。因此，引入案例分析和实践活动能够有效地帮助学生理解政治认同素养的概念和实践意义，提升他们的参与度和学习效果，培养相关的能力和素养。

三是强调公民责任和参与意识。以政治认同素养为主题构建教学内容时，强调公民责任和参与意识的培养是至关重要的。首先，强调公民责任。教学内容应当着重强调学生作为公民应当承担的责任。这包括对社会公共事务的关注、对社会发展的积极参与、对国家法律法规的遵守等方面。通过案例分析和实践活动，学生可以更直观地理解公民责任的内涵和重要性，培养自觉履行公民责任的意识。其次，培养参与意识。教学内容还应当着重培养学生的参与意识，包括如何行使公民权利、参与社会实践、关注公共事务等方面。通过具体的案例和实践活动，可以引导学生主动参与社会实践，了解社会问题，培养对公共事务的关注和参与意识。再次，培养正确的公民观念：教学内容还应当帮助学生树立正确的公民观念，包括尊重他人权利、维护社会公共利益、积极参与社会建设等方面。通过案例分析和实践活动，可以引导学生正确认识自己作为公民的角色，培养良好的公民品质和行为习惯。因此，强调公民责任和参与意识的培养是政治认同素养教学内容中的重要部分。通过具体的案例和实践活动，可以有效地引导学生树立正确的公民观念和参与意识，促进其政治认同素养的全面发展。

四是融入价值观教育。以政治认同素养为主题构建教学内容时，融入价值观教育可以考虑以下几点：首先，民主。教学内容可以通过介绍民主制度的优点、民主决策的重要性以及民主参与的方式，引导学生理解民主的内涵，培养学生对民主制度的认同和支持。其次，平等。通过故事、实例等形式，向学生传递平等的理念，让他们认识到每个人都应该受到平等对待，不论种族、性别、宗教或社会地位如何，从而培养学生的政治认同素养。再次，公正。教学内容可以引导学生思考什么是公正，如何实现公正，以及公正对社会稳定和个人幸福的重要性，从而引导学生形成正确的公正观念。最后，法治。通过案例分析、法律知识普及等方式，让学生了解法治的意义和作用，培养学生的法治意识，使其懂得依法行事、尊重法律，从而提升政治认同素养。因此，融入相关的价值观教育可以帮助学生树立正确的政治认同观念，促进其政治认同素养的形成。通过故事、实例等形式，引导学生理解和认同民主、平等、公正、法治等方面的价值观，从而构建丰富的教学内容，促进学生政治认同素养的培养。

五是贴近学生实际需求。以政治认同素养为主题构建教学内容时，贴近学生实际需求可以考虑以下几点：首先，生活经验。教学内容应该结合学生的生活经验，以他们熟悉的事物和情境为例，让学生更容易理解和接受政治认同素养相关的知识。例如，通过解释身边发生的政治事件或者社会现象，引导学生思考政治认同素养对于个人和社会的重要性。其次，成长环境。考虑学生的成长环境和背景，设计教学内容时可以结合当下的社会热点、学生关心的问题，让学生在学习过程中感受到政治认同素养对于解决现实问题的意义，从而增强学习的积极性和主动性。再次，学习兴趣。通过选取与学生兴趣相关的案例、故事或者实例，激发学生对政治认同素养的兴趣，让学生在学习中享受到乐趣，从而提高学习的积极性。最后，实际需求。教学内容的设计应该关注学生的实际需求，帮助他们解决日常生活中遇到的问题，让政治认同素养相关的知识和技能对学生有实际的帮助，从而增加学习的积极性和主动性。因此，贴近学生的实际需求是构建以政治认同素养为主题的教学内容的重要方面。通过结合学生的生活经验和成长环境，增加学生的学习兴趣，提高他们学习的积极性和主动性，从而更好地促进学生政治认同素养的培养。

六是多媒体和互动教学。在构建以政治认同素养为主题的教学内容时，融入多媒体和互动教学可以从以下几个角度进行论述：首先，利用多媒体教学资源。利用图片、视频、音频等多媒体资源，可以生动形象地展示与政治认同素养相关的内容，让学生通过视听的方式更直观地理解和感受。例如，可以通过播放政治领袖演讲视频、展示历史事件图片等方式，激发学生的学习兴趣，增强教学内容的吸引力。其次，设计互动课件，引导学生参与课堂互动。例如设置问题答题环节、案例分析环节等，让学生在课堂上积极参与，加深对政治认同素养知识的理解和记忆。再次，组织学生进行小组讨论，让他们就政治认同素养相关话题展开讨论，分享观点和看法，促进思想碰撞和交流，从而加深对知识的理解，培养批判性思维。最后，通过角色扮演等形式，让学生身临其境地感受政治决策、社会互动等情境，增强对政治认同素养的认识和体验，提高学习的互动性和趣味性。因此，融入多媒体教学资源和互动教学活动可以增强教学内容的吸引力和互动性，激发学生的学习兴趣，提高他们学习的积极性和主动性，从而更好地促进学生政治认同素养的培养。

综上所述，构建以政治认同素养为主题的教学内容需要从多个角度综合考虑，包括确定核心要点、引入案例分析和实践活动、强调公民责任和参与意识、融入价值观教育、贴近学生实际需求以及多媒体和互动教学。在确定教学内容的核心要点时，需要明确政治认同素养的内涵和重要性，以及培养学生政治认同素养所需的知识、技能和态度。引入案例分析和实践活动可以帮助学生将理论知识与实际情境相结合，加深对政治认同素养的理解和应用能力。强调公民责任和参与意识是培养政治认同素养的关键，教学内容应该着重强调学生在社会和政治生活中的责任和参与意识。融入价值观教育可以通过故事、实例等形式，引导学生树立正确的价值观念，促进其政治认同素养的形成。贴近学生实际需求意味着教学内容要与学生的生活经验和成长环境相结合，增加学生的学习兴趣，提高他们学习的积极性和主动性。最后，融入多媒体和互动教学可以增强教学内容的吸引力和互动性，激发学生的学习兴趣，提高他们学习的积极性和主动性。综合来看，构建以政治认同素养为主题的教学内容需要综合考虑以上各个方面，以期促进学生政治认同素养的全面培养。通过以上设计，教学内容可以更好地引导学生理解政治认同素养的内涵和意义，培养其对国家、社会和政治制度的认同，以及树立正确的公民观念和参与意识。同时，教学内容的设计也应贴近学生的实际需求，增强学生的学习兴趣和主动性，促进其政治认同素养的全面发展。

（二）以道德修养素养为主题构建教学内容

小学道德与法治深度教学中，以道德修养为主题构建教学内容是非常重要的。道德修养作为核心素养的一部分，对学生的成长和发展具有重要意义。以下是详细论述核心素养导向的小学道德与法治深度教学中以道德修养为主题构建教学内容的一些关键方面。

1.培育学生的道德修养对成长发展和社会责任感的意义

通过培育学生的道德修养，可以帮助他们从感性体验中逐步认识和理解道德规范的重要性和意义，从而形成自觉遵守道德规范的理性认知。在培育道德修养的过程中，学生将逐渐形成正确的价值观念和行为准则，培养社会责任感和公民意识，为未来的社会参与和贡献奠定基础。

通过道德修养，学生将学会尊重他人、关爱社会，培养出良好的品德和道德情操。他们会逐渐意识到遵守道德规范对于社会和个人的重要性，从而在日常生活和学习中自觉遵守道德准则。这种自觉遵守道德规范的理性认知将成为他们做出正确选择和行为的内在动力。

此外，通过道德修养，学生将逐渐形成积极向上的人生观和价值观，树立正确的人生目标和行为准则。他们将培养出社会责任感和公民意识，意识到自己作为社会的一员，应该承担起相应的责任和义务，为社会的进步和发展作出积极的贡献。这种道德修养所培养出的社会责任感和公民意识，将为学生未来的社会参与和贡献打下坚实的基础。

2.传承中华民族传统美德和弘扬民族精神

通过道德修养教育，有助于传承中华民族传统美德，如孝顺、诚信、礼仪等，同时弘扬民族精神和时代精神，让学生树立正确的价值观念和行为准则。通过教育培养学生的道德修养，可以让他们了解和珍惜中华民族的传统文化，树立对民族文化的自豪感和认同感。

在道德修养教育中，学生将深入了解中华民族传统美德的内涵和价值，学会尊重长辈、关爱家人，注重诚信和礼仪，形成良好的品德和行为习惯。同时，通过学习和体验民族精神和时代精神，学生将树立正确的社会责任感和公民意识，培养出积极向上的人生观和价值观。

通过这样的教育，学生将逐渐形成对中华民族传统文化的珍视和传承意识，树立对民族文化的自豪感和认同感。他们将从中汲取力量和智慧，为传承和发扬中华民族优秀传统文化作出自己的贡献，同时也为构建和谐社会、美好家园贡献力量。

3.增强学生的民族自豪感和责任感

通过培育学生的道德修养，可以增强学生的民族自豪感和责任感，让他们明大德、守公德、严私德，为维护国家利益和安全作出积极贡献。从这个角度出发，构建以道德修养素养为主题的教学内容具有重要意义。

首先，道德修养教育可以帮助学生树立正确的民族观念和文化认同，增强他们对国家和民族的自豪感。通过教学内容的构建，可以引导学生深入了解民族文化、历史传统，培养学生对国家和民族的热爱和尊崇，从而增强其民族自豪感和责任感。

其次，教学内容可以着重强调学生应当明大德、守公德、严私德的道德要求。通过教学内容的设计，可以引导学生认识到个人品德修养对国家和社会的重要性，培养学生树立正确的道德观念和行为准则，让他们在日常生活和学习中明大德、守公德、严私德，为社会稳定与和谐作出积极贡献。

最后，道德修养教育可以引导学生树立正确的国家利益和安全观念，培养学生为维护国家利益和安全作出积极贡献的责任感。通过教学内容的构建，可以让学生深刻认识到个人的行为举止对国家安全和发展的重要影响，激发学生的责任意识和爱国情怀，让他们在自身成长的过程中树立正确的国家利益和安全观念，为国家的繁荣和安全作出积极贡献。

因此，构建以道德修养素养为主题的教学内容，可以通过培育学生的道德修养，增强学生的民族自豪感和责任感，让他们明大德、守公德、严私德，为维护国家利益和安全作出积极贡献。这样的教学内容将有助于学生的全面发展和社会责任感的培养。

4.发展良好的道德行为

从道德修养素养为主题构建教学内容的角度来论述，道德修养教育对学生的道德认知和道德情感的形成具有重要意义。通过教学内容的构建，可以帮助学生在日常生活和学习中展现良好的道德行为，为社会建设和发展作出积极贡献。

首先，个人品德方面的教学内容可以包括对学生进行道德榜样的介绍和学习，引导学生树立正确的人生观、价值观和道德观，培养学生的自律和责任感。其次，家庭美德方面的教学内容可以通过家庭教育的案例和故事，让学生深刻理解家庭在培养道德情感和行为方面的重要作用。再次，社会公德方面的教学内容可以围绕公民道德、社会责任等展开，引导学生尊重他人、关爱社会，培养学生的公德意识。最后，职业道德方面的教学内容可以通过职业操守、职业责任等方面的案例和讨论，引导学生树立正确的职业道德观念。

在教学方法上，可以运用生动的案例、情境模拟等教学手段，让学生在具体的情境中深入理解道德修养的重要性，激发学生的情感共鸣和思考。此外，可以通过小组讨论、角色扮演等活动，引导学生在实践中逐步培养道德情感和道德行为，使道德修养教育内容更加贴近学生的生活和成长。

5.小结

在构建以道德修养素养为主题的教学内容中，我们致力于培育学生的道德修养，传承中华民族传统美德和弘扬民族精神，增强学生的民族自豪感和责任感，以及发展良好的道德行为。首先，培育学生的道德修养对成长发展和社会责任感具有重要意义。通过培养学生的道德修养，可以促进其全面发展，增强其社会责任感，使其成为品德高尚、有担当的社会成员。其次，传承中华民族传统美德和弘扬民族精神是培养学生道德修养的重要途径。通过传承中华民族传统美德，如孝顺、诚信、礼仪等，以及弘扬民族精神，可以让学生树立正确的价值观念，培养高尚的品德。再次，增强学生的民族自豪感和责任感有助于培养其道德修养。让学生了解中华民族的优秀传统和历史文化，增强他们的民族自豪感，激发责任感，使其更加珍惜民族荣誉，培养良好的品德和行为。最后，发展良好的道德行为是培养学生道德修养的重要目标。通过引导学生树立正确的人生观、价值观，教育他们遵纪守法、诚实守信，培养良好的品德和行为习惯。

综上所述，通过构建以道德修养素养为主题的教学内容，我们旨在培育学生的道德修养，传承中华民族传统美德和弘扬民族精神，增强学生的民族自豪感和责任感，以及发展良好的道德行为，从而促进学生的全面发展和道德素养的提升。总之，构建以道德修养素养为主题的教学内容，可以从个人品德、家庭美德、社会公德、职业道德等多个方面展开，通过生动的案例、情景模拟等教学方法，引导学生深入理解道德修养的重要性，并在实践中逐步培养学生的道德情感和道德行为，为学生的综合素养和社会责任感的培养提供有力支持。

（三）以法治观念素养为主题构建教学内容

在小学道德与法治深度教学中，以法治观念素养为主题构建教学内容至关重要。培育学生的法治观念对于他们成为社会主义法治的忠实崇尚者、自觉遵守者和坚定捍卫者具有重要意义。以下是详细论述核心素养导向的小学道德与法治深度教学中以法治观念素养为主题构建教学内容的关键方面：

1.宪法法律至上的观念

以法治观念素养为主题构建教学内容，是为了通过教育引导，让学生深刻理解宪法法律的重要性和权威性，树立宪法法律至上的观念，自觉遵守法律，维护法律的尊严和权威。

首先，教学内容应当引导学生深刻理解宪法法律的重要性和权威性。通过对宪法和法律的解读和案例分析，学生可以深入了解宪法法律对国家和社会的重要性，以及其权威性来源和意义，从而树立对宪法法律的尊重和敬畏之心。

其次，教学内容应当引导学生明白法律是社会生活的基本准则，宪法是国家的根本大法，法律是国家行为的规范。通过具体的法律实例和社会案例，学生可以了解到法律在社会生活中的重要作用，以及宪法作为国家根本大法的地位和法律对国家行为的规范作用，从而培养学生尊重和遵守法律的意识。

最后，教学内容应当引导学生自觉遵守法律，维护法律的尊严和权威。通过讨论和实践案例，学生可以了解到遵守法律的重要性，以及违法行为对个人和社会的影响，从而培养学生自觉遵守法律的意识和行为，维护法律的尊严和权威。

因此，构建以法治观念素养为主题的教学内容，应当通过深入的宪法法律解读、案例分析和实践活动，引导学生深刻理解宪法法律的重要性和权威性，树立宪法法律至上的观念，自觉遵守法律，维护法律的尊严和权威。这样的教学内容将有助于学生树立正确的法治观念，增强法治意识，促进学生的全面发展和社会责任感的培养。

2.法律面前人人平等的观念

以法治观念素养为主题构建教学内容，旨在让学生理解权利与义务相统一的法治理念，即在享有权利的同时，也要履行相应的法定义务，形成正确的法治意识和行为习惯。同时，通过教育引导，学生应当树立法律面前人人平等的观念，认识到法律的公正性和普适性，不论社会地位、财富状况等因素如何，每个人在法律面前都应当平等对待。从这个角度出发分以下几个方面进行论述：

首先，教学内容应当引导学生理解权利与义务相统一的法治理念。通过具体案例和互动讨论，学生可以深入了解到权利与义务的相互关联，以及在享有权利的同时也要履行相应的法定义务的重要性，从而形成正确的法治意识和行为习惯。

其次，教学内容应当引导学生树立法律面前人人平等的观念。通过对法律平等原则的解读和社会案例分析，学生可以认识到法律的公正性和普适性，不论社会地位、财富状况等因素如何，每个人在法律面前都应当平等对待，从而形成尊重法律、平等对待的观念。

最后，教学内容应当引导学生认识到法律的普适性和公正性。通过具体的法律实例和社会案例，学生可以了解到法律对所有人都适用，法律的公正性是社会稳定和公平正义的基石，从而培养学生尊重法律、认识法律的普适性和公正性的意识。

因此，构建以法治观念素养为主题的教学内容，应当通过深入的案例分析、互动讨论和实践活动，引导学生理解权利与义务相统一的法治理念，树立法律面前人人平等的观念，认识到法律的公正性和普适性。这样的教学内容将有助于学生形成正确的法治意识和行为习惯，增强法治观念，促进学生的全面发展和社会责任感的培养。

3.守法用法意识和行为

以法治观念素养为主题构建教学内容，旨在让学生树立守法用法的意识和行为，明白遵纪守法的重要性，自觉遵守法律法规，自觉维护社会秩序和公共利益。通过案例分析和角色扮演等教学形式，可以引导学生认识到守法用法的重要性，培养他们遵守法律的自觉意识和行为习惯。

首先，教学内容可以通过具体的案例分析，向学生展示守法用法的重要性。通过真实的案例分析，学生可以深刻理解到守法用法对社会稳定和公共利益的重要性，从而形成对守法用法的正确认识。

其次，通过角色扮演等教学形式，可以让学生身临其境地体验守法用法的重要性。通过模拟情境，学生可以更直观地感受到守法用法的重要性，明白遵纪守法对社会秩序和个人利益的重要意义，从而培养他们遵守法律的自觉意识和行为习惯。

最后，教学内容应当强调个人行为对社会的影响，引导学生自觉维护社会秩序和公共利益。通过讨论和互动，学生可以认识到每个人的行为都会影响到社会的稳定和发展，从而自觉维护社会秩序和公共利益。

因此，构建以法治观念素养为主题的教学内容，可以通过案例分析和角色扮演等教学形式，引导学生认识到守法用法的重要性，培养他们遵守法律的自觉意识和行为习惯。这样的教学内容将有助于学生形成正确的法治观念，增强法治意识，促进学生的全面发展和社会责任感的培养。

4.生命安全意识和自我保护能力

在法治观念教育中，需要注重培养学生的生命安全意识和自我保护能力，让他们明白法律保护生命安全的重要性，学会自我保护和寻求法律保护的途径。通过生动的案例教学和实际演练，可以引导学生了解生命安全相关法律法规，提高他们的自我保护意识和能力，使之成为法治社会的有益成员。

首先，教学内容可以通过生动的案例教学，向学生展示生命安全相关法律法规的重要性。通过真实案例的讲解，学生可以深刻理解到法律对于保护生命安全的重要性，从而形成对法律的尊重和依法行事的意识。

其次，通过实际演练，可以让学生在模拟情境中学会自我保护和寻求法律保护的途径。例如，进行火灾逃生演练、交通安全演练等活动，让学生在实际操作中掌握自我保护的技能，并了解在面临危险时如何依法维护自身权益。

最后，教学内容应当强调个人责任和社会责任的统一。通过讨论和互动，引导学生认识到自我保护不仅是个人的责任，也是对社会的责任，只有每个人都具备自我保护意识和能力，才能构建更安全的社会环境。

因此，构建以法治观念素养为主题的教学内容，可以通过生动的案例教学和实际演练，引导学生了解生命安全相关法律法规，提高他们的自我保护意识和能力，使之成为法治社会的有益成员。这样的教学内容将有助于学生形成正确的生命安全意识和法治观念，增强法治意识，促进学生的全面发展和社会责任感的培养。

5.小结

在构建以法治观念素养为主题的教学内容中，我们致力于培养学生的宪法法律至上的观念、法律面前人人平等的观念、守法用法意识和行为，以及生命安全意识和自我保护能力。首先，宪法法律至上的观念是指让学生认识到宪法和法律的重要性，明白法律对社会的规范作用，树立尊重和遵守法律的意识。其次，法律面前人人平等的观念是指引导学生理解法律面前人人平等的原则，树立公正、公平的法治观念，避免歧视和不公正行为。再次，守法用法意识和行为是指培养学生遵纪守法、明辨是非的意识，引导他们在日常生活中自觉遵守法律法规，严禁违法行为。最后，生命安全意识和自我保护能力是指让学生意识到生命安全至上的重要性，培养他们具备自我保护的能力，学会在危险情况下保护自己和他人。

综上所述，通过构建以法治观念素养为主题的教学内容，我们旨在培养学生的宪法法律至上的观念、法律面前人人平等的观念、守法用法意识和行为，以及生命安全意识和自我保护能力，从而促进学生的全面发展和法治观念的培养。通过以上教学内容的构建，学生将逐步形成正确的法治观念和行为准则，成为尊法学法守法用法的公民，为社会主义法治建设贡献力量。

（四）以健全人格素养为主题构建教学内容

在小学道德与法治深度教学中，以健全人格素养为主题构建教学内容具有重要意义。培育学生的健全人格有助于他们正确认识自我、学会学习、学会生活、学会合作，养成积极的心理品质，提高适应社会、应对挫折的能力。健全人格是身心健康的体现，具体分为四个方面：自尊自信、理性平和、积极向上、友爱互助。

1.自尊自信

以健全人格素养为主题构建教学内容，是为了让学生正确认识自己，理解自己的优点和特长，培养自尊心和自信心，从而建立积极的自我形象和健康的心理状态。教师可以通过引导学生发现自己的优点和价值，鼓励他们勇敢表达自己的想法和观点，从而提升自尊自信。从这个角度出发分以下几个方面进行论述：

首先，教学内容应当注重引导学生发现自己的优点和特长。通过课堂讨论、个人作业或小组活动等形式，教师可以帮助学生认识到自己的优点和特长，让他们意识到自己的价值和潜力，从而建立积极的自我形象。

其次，教学内容应当鼓励学生勇敢表达自己的想法和观点。通过开放性的讨论和角色扮演等活动，教师可以创造一个鼓励学生自由表达的氛围，让他们感受到自己的观点和想法同样重要，从而提升他们的自信心和自尊心。

最后，教学内容应当帮助学生建立积极的自我形象和健康的心理状态。通过心理健康教育和个人成长指导，教师可以引导学生树立积极的人生态度，培养健康的心理状态，使他们在成长过程中更加坚强和自信。

因此，构建以健全人格素养为主题的教学内容，应当注重引导学生发现自己的优点和特长，鼓励他们勇敢表达自己的想法和观点，从而提升自尊自信，建立积极的自我形象和健康的心理状态。这样的教学内容将有助于学生树立正确的自我认知和自我评价，增强自尊自信，促进学生的全面发展和健康人格的塑造。

2.理性平和

以健全人格素养为主题构建教学内容，旨在让学生学会理性思考和情绪管理，培养平和的心态和正确的情绪表达方式。教师可以通过案例分析和情境模拟等方式，引导学生理性应对问题，避免过度情绪化，培养平和的心态和正确的情绪表达方式。

首先，教学内容应当通过案例分析，向学生展示理性思考和情绪管理的重要性。通过真实案例的讲解，学生可以深刻理解过度情绪化对问题解决和人际关系的不利影响，从而形成理性思考和情绪管理的重要意识。

其次，通过情境模拟，可以让学生在模拟情境中学会理性应对问题和正确的情绪表达方式。例如，进行情境模拟训练，让学生在模拟的场景中学会冷静思考、合理表达情绪，从而培养平和的心态和正确的情绪表达方式。

最后，教学内容应当强调个人情绪管理对人际关系和个人成长的重要性。通过讨论和互动，引导学生认识到理性思考和情绪管理不仅影响个人内心的平静，也关乎人际关系的和谐和问题解决的效果。

因此，构建以健全人格素养为主题的教学内容，可以通过案例分析和情境模拟等方式，引导学生理性应对问题，避免过度情绪化，培养平和的心态和正确的情绪表达方式。这样的教学内容将有助于学生培养正确的情绪管理能力，增强平和的心态，促进学生的全面发展和健康人格的塑造。

3.积极向上

以健全人格素养为主题构建教学内容，旨在让学生培养积极向上的心态和生活态度，树立乐观积极的人生观。教师可以通过激励性的故事、成功的案例等方式，激发学生的积极性和进取心，引导他们树立乐观积极的人生观。从这个角度出发分以下几个方面进行论述：

首先，教学内容应当通过激励性的故事和成功的案例，向学生展示乐观积极的人生观的重要性。通过真实的故事和案例，学生可以感受到乐观积极的心态对于面对挑战和困难的重要性，从而形成乐观的人生观。

其次，通过激励性的故事和成功的案例，可以激发学生的积极性和进取心。成功的案例和激励性的故事往往能够激发学生内在的动力和信心，让他们相信努力可以改变命运，从而培养积极向上的心态和生活态度。

最后，教学内容应当帮助学生树立乐观积极的人生观。通过讨论和引导，教师可以与学生共同探讨乐观积极的人生观对于个人成长和发展的重要性，引导他们树立正确的人生观。

因此，构建以健全人格素养为主题的教学内容，可以通过激励性的故事、成功的案例等方式，激发学生的积极性和进取心，引导他们树立乐观积极的人生观。这样的教学内容将有助于学生培养积极向上的心态和生活态度，树立乐观的人生观，促进学生的全面发展和健康人格的塑造。

4.友爱互助

以健全人格素养为主题构建教学内容，旨在让学生学会与他人和睦相处，培养友爱互助的品质。教师可以通过合作学习、团队活动等方式，培养学生的合作意识和团队精神，引导他们学会与他人和睦相处，乐于助人。从这个角度出发分以下几个方面进行论述：

首先，教学内容应当通过合作学习，培养学生的合作意识和团队精神。通过小组讨论、合作项目等形式，学生可以学会倾听他人意见、尊重他人想法，从而培养良好的合作意识和团队精神。

其次，通过团队活动，可以让学生在实践中学会与他人和睦相处，乐于助人。例如，组织团队建设活动、志愿者活动等，让学生在实际中体会到互助合作的重要性，培养友爱互助的品质。

最后，教学内容应当强调个人责任和社会责任的统一。通过讨论和引导，教师可以与学生共同探讨友爱互助的品质对于个人成长和社会和谐的重要性，引导他们树立正确的人际关系观和社会责任感。

因此，构建以健全人格素养为主题的教学内容，可以通过合作学习、团队活动等方式，培养学生的合作意识和团队精神，引导他们学会与他人和睦相处，乐于助人。这样的教学内容将有助于学生培养良好的人际交往能力，增强友爱互助的品质，促进学生的全面发展和社会责任感的培养。

5.小结

在构建以健全人格素养为主题的教学内容中，我们着重培养学生的自尊自信、理性平和、积极向上和友爱互助的素养。首先，自尊自信是指让学生建立正确的自我认知和自我评价，培养积极的自尊心和自信心，从而更好地应对挑战和困难。其次，理性平和是指让学生学会理性思考、平和应对情绪，保持内心的平静和理智，遇事冷静分析，不被情绪左右。再次，积极向上是指引导学生树立乐观向上的人生态度，培养他们积极向上的心态和行为，勇敢面对困难，积极追求个人成长和进步。最后，友爱互助是指让学生学会尊重他人、关爱他人，培养良好的人际关系和团队合作意识，乐于助人，形成和谐的人际关系。

综上所述，通过构建以健全人格素养为主题的教学内容，我们旨在培养学生的自尊自信、理性平和、积极向上和友爱互助的素养，从而促进学生的全面发展和健康成长。通过以上教学内容的构建，可以帮助学生逐步培养健全的人格素养，提升他们的心理素质，增强适应社会、应对挫折的能力，为其全面发展打下良好基础。

（五）以责任意识素养为主题构建教学内容

在小学道德与法治深度教学中，以责任意识素养为主题构建教学内容具有重要意义。培育学生的责任意识有助于他们提升对自己、家庭、集体、社会、国家和人类的责任感，增强担当精神和参与能力。责任意识是对担当民族复兴大任时代新人的内在要求。具体分为三个方面：

1.主人翁意识

以责任意识素养为主题构建教学内容，旨在让学生意识到自己对个人行为和决策的责任，包括对自己的学业、生活和发展负责，以及对自己的行为后果负责。教师可以通过案例分析、角色扮演等方式，引导学生认识自己在各个方面的主体地位和责任。从这个角度出发分以下几个方面进行论述：

首先，教学内容应当通过案例分析，向学生展示个人行为和决策的责任。通过真实案例的讲解，学生可以深刻理解到个人行为和决策对自己和他人的影响，从而形成对责任的认识。

其次，通过角色扮演，可以让学生在模拟的情境中体会到责任的重要性。例如，进行角色扮演活动，让学生在模拟的情境中体验到自己的决策和行为对他人和环境的影响，从而增强责任感。

最后，教学内容应当强调个人责任和社会责任的统一。通过讨论和引导，教师可以与学生共同探讨个人行为和决策对于个人成长和社会发展的重要性，引导他们树立正确的责任观。

因此，构建以责任意识素养为主题的教学内容，可以通过案例分析、角色扮演等方式，引导学生认识到自己在各个方面的主体地位和责任。这样的教学内容将有助于学生树立正确的责任观，增强责任感，促进学生的全面发展和社会责任感的培养。

2.担当精神

以责任意识素养为主题构建教学内容，旨在让学生培养担当精神，意识到自己应该积极承担起家庭、集体和社会的责任。教师可以通过讨论社会问题、参与志愿活动等方式，引导学生认识到担当精神的重要性，并激发他们的责任感。从这个角度出发分以下几个方面进行论述：

首先，教学内容应当通过讨论社会问题，让学生深入了解社会现实，意识到自己应该为社会问题承担一定的责任。通过讨论社会问题，学生可以认识到自己作为社会的一员，应该积极参与解决社会问题，培养担当精神。

其次，通过参与志愿活动，可以让学生在实践中体会到担当精神的重要性。参与志愿活动不仅可以帮助学生认识到社会问题，还可以让他们亲身体会到自己的力量对社会的积极影响，从而激发其责任感。

最后，教学内容应当强调个人责任和社会责任的统一。通过讨论和引导，教师可以与学生共同探讨担当精神对于个人成长和社会进步的重要性，引导他们树立正确的责任观。

因此，构建以责任意识素养为主题的教学内容，可以通过讨论社会问题、参与志愿活动等方式，引导学生认识担当精神的重要性，并激发他们的责任感。这样的教学内容将有助于学生培养积极的责任意识，增强担当精神，促进学生的全面发展和社会责任感的培养。

3.有序参与

以责任意识素养为主题构建教学内容，学生需要学会有序参与社会活动，明白自己在社会中的位置和作用，以及应该如何积极参与社会建设。教师可以组织学生参观社区、参与社会实践等活动，让学生亲身体验社会参与的意义，培养其责任感和参与能力。

首先，通过组织学生参观社区，可以让他们深入了解社会环境和社会组织结构，明白自己在社会中的位置和作用。学生可以通过参观社区了解社会的运作机制，认识到自己是社会的一员，从而其培养责任感和参与意识。

其次，参与社会实践活动可以让学生亲身体验社会参与的意义，例如志愿服务、环保活动等。通过实际参与，学生可以感受到自己的行动对社会的影响，培养责任感和参与能力，同时也增强对社会建设的责任感。

最后，教师可以通过引导和讨论，帮助学生总结和反思参与社会活动的经验，引导他们明白应该如何积极参与社会建设。这样的教学内容将有助于学生树立正确的社会参与观念，培养积极的责任感和参与能力，促进学生的全面发展和社会责任感的培养。

因此，通过组织学生参观社区、参与社会实践等活动，可以让学生亲身体验社会参与的意义，培养其责任感和参与能力，从而促进学生的全面发展和社会责任感的培养。

4.小结

在构建以责任意识素养为主题的教学内容中，我们需要着重培养学生的主人翁意识、担当精神和有序参与的能力。首先，主人翁意识是指让学生意识到自己是社会发展的参与者和推动者，应该积极承担起自己在家庭、学校和社会中的责任，努力为社会的发展贡献力量。其次，担当精神是指让学生明白自己应该积极承担起家庭、集体和社会的责任，勇于承担责任，勇敢面对挑战，作出积极的行动。最后，有序参与是指让学生学会有条不紊地参与社会活动，明白自己在社会中的位置和作用，以及应该如何积极参与社会建设，通过参观社区、参与社会实践等活动，让学生亲身体验社会参与的意义，培养其责任感和参与能力。

综上所述，通过构建以责任意识素养为主题的教学内容，我们旨在培养学生的主人翁意识、担当精神和有序参与的能力，从而促进学生的全面发展和社会责任感的培养。通过以上方式，学生能够逐步树立起对个人、家庭、社会和国家的责任感，成为具有担当精神和参与能力的时代新人，为社会进步和民族复兴贡献力量。

二、以时政热点为主题充实教学内容

（一）以政治热点为主题构建教学内容

1.政治体制改革

政治体制改革是一个重要的政治热点话题，也是构建政治课教学内容的重要方向之一。具体包含以下方面：

一是理论基础。政治体制改革是指在国家政治制度和运行机制上进行的重大变革和改进。在教学中，可以通过介绍政治体制改革的理论基础，包括政治体制设计理论、民主政治理论、权力制衡理论等，帮助学生理解政治体制改革的内在逻辑和价值取向。

二是政策解读。教学内容可以涵盖当前政治体制改革的政策解读，包括改革方向、重点领域、实施路径等方面的内容。通过对政策的解读，可以帮助学生了解政治体制改革的具体内容和影响，增强他们对政治变革的认识和理解。

三是改革实践。教学内容可以围绕政治体制改革的实践案例展开，包括国内外政治体制改革的经验和教训。通过案例分析，可以引导学生深入思考政治体制改革的意义和影响，以及在实践中可能面临的挑战和困难。

四是民主参与。政治体制改革也需要广泛的民主参与和社会共治。在教学中可以引导学生思考如何通过民主参与促进政治体制改革的顺利进行，以及民主参与在政治变革中的作用和意义。

通过以上角度的论述，可以帮助学生深入了解政治体制改革的内涵和意义，培养他们对政治变革的理性思考和批判性分析能力，促进其对政治热点问题的深入理解和思考。

2.民主政治

以民主政治为主题构建教学内容是非常重要的，因为民主政治是当今世界上的重要政治热点之一。具体包括以下内容：

一是民主政治的理念和原则。教学内容可以从民主政治的理念和原则出发，介绍民主政治的内涵、特点以及与其他政治制度的区别。通过对民主政治理念的介绍，可以帮助学生建立对民主政治的基本认识和理解。

二是民主政治的实践。可以通过案例分析和实际事件，介绍各国在民主政治方面的实践经验，包括民主选举、议会制度、公民参与等方面的内容。通过实践案例的介绍，可以帮助学生了解不同国家在民主政治建设方面的做法和成就，促进他们对民主政治的实际运作有更深入的了解。

三是民主政治的挑战和发展。教学内容还可以包括民主政治面临的挑战和发展趋势，包括民主制度的弊端、民主治理的难点、民主转型的困境等方面的内容。通过对民主政治面临的问题和挑战进行深入分析，可以帮助学生更全面地认识民主政治的复杂性和发展现状。

四是全球民主政治的比较研究。可以通过对全球范围内不同国家和地区的民主政治制度进行比较研究，介绍不同国家在民主政治方面的特点和经验。通过比较研究，可以帮助学生了解不同文化背景下民主政治的实践和发展，培养他们的跨文化视野和批判性思维能力。

通过以上论述，可以帮助学生全面了解民主政治的内涵和实践，促进他们对民主政治的深入思考和理解，培养其对政治热点问题的批判性分析能力和全球视野。

（二）以文化热点为主题构建教学内容

1.新文化运动

从新文化运动的角度构建教学内容可以涵盖以下几个方面：

一是新文化运动的历史背景和兴起。教学内容可以从新文化运动的历史背景和兴起出发，介绍新文化运动在中国近现代历史中的重要地位和作用。新文化运动提出了一系列关于民主、科学、解放和进步的重要观点，为中国近现代的文化变革和社会进步奠定了重要基础。

二是新文化运动的核心思想和主张。可以介绍新文化运动的核心思想和主张，包括民主、科学、个性、解放等方面的内容。通过对新文化运动的核心理念进行介绍，可以帮助学生理解新文化运动对中国传统文化的挑战和对中国现代文化的塑造作用。

三是新文化运动的代表人物和代表作品。可以介绍新文化运动中的代表人物，如鲁迅、胡适、梁启超等，以及他们的代表作品，如《狂人日记》《呐喊》等。通过对代表人物和代表作品的介绍，可以帮助学生了解新文化运动的思想内涵和文化影响。

四是新文化运动对当代社会的影响。可以探讨新文化运动对当代社会和文化的影响，包括对中国现代化进程、文化认同和文化自信等方面的影响。通过对新文化运动的当代意义进行讨论，可以帮助学生认识新文化运动对当代社会的深远影响。

通过以上论述，可以帮助学生全面了解新文化运动的历史渊源、思想内涵和当代意义，促进他们对新文化运动的深入理解和思考，培养其对文化热点问题的批判性分析能力和历史文化的感知能力。

2.红色旅游

红色旅游是指以革命历史和革命文化为主要内容，以革命纪念地、革命文物和革命遗址为重点，以红色文化为主题构建教学内容。首先，红色旅游可以让学生深入了解革命先烈的英勇事迹和高尚品德，通过讲解和参观革命纪念馆、革命纪念碑等，引导学生学习先烈们坚定的革命信念、高尚的品德和无私的奉献精神。在红色旅游中，可以引导学生学习国家历史、法律法规，了解革命斗争中的法治意识和国家安全意识的重要性。通过参观革命历史遗址和红色文化场馆，学生可以深刻感受到法治对国家安全和社会稳定的重要作用。其次，在红色旅游中，组织学生进行团队活动，培养学生的团队合作意识和社会责任感。学生可以通过亲身参与一些红色旅游项目，体验团队协作的重要性，感受到对社会的责任和使命感。再次，红色旅游也是爱国主义教育的重要载体，可以通过讲解革命历史、英雄人物的事迹，培养学生的爱国情怀和民族精神，增强学生对国家、对民族的认同感和责任感。总之，以红色旅游为主题构建道德与法治教学内容，不仅能够让学生感受到革命先烈的崇高精神，同时也能够培养学生的法治意识、社会责任感和爱国主义情怀。这样的教学内容设计可以在道德与法治教育中起到积极的作用。

（三）以教育热点为主题构建教学内容

1.数字教育

以数字教育为主题构建道德与法治教学内容可以为学生提供更多关

于道德与法治的知识，并且通过数字化手段增强学生的学习体验。首先，利用数字化教学资源，如电子书籍、教学视频、在线课程等，向学生传授有关道德与法治的知识。这些资源可以使学生在更生动、直观的环境中学习道德与法治知识，激发学生的学习兴趣。其次，利用互动性强的数字化教学工具，如教学软件、在线学习平台等，设计道德与法治教学内容。通过这些工具，学生可以参与到课堂互动中，增强学习的趣味性和深度。再次，利用数字化教育手段，设计道德教育课程，引导学生正确处理人际关系、培养学生的责任感和公民意识。同时，通过数字化教育，可以向学生传递正确的法治观念和法律知识，培养学生的法治观念。最后，在数字教育的过程中，引导学生正确使用数字科技，强调网络道德和信息安全意识，教育学生遵守网络规范和法律法规，培养学生的网络道德素养。通过以上方式，以数字教育为主题构建道德与法治教学内容，可以使学生更好地理解和接受道德与法治知识，并且在数字化环境中培养学生的道德情操和法治观念。

2.学科整合

以学科整合为主题构建道德与法治教学内容可以帮助学生在多个学科领域中学习道德与法治知识，促进跨学科的综合学习。首先，通过语文课程，引导学生阅读有关道德与法治的文学作品，让学生通过文学作品了解道德观念、人生态度等。可以通过作文、口头表达等形式，让学生表达对道德与法治的理解和看法，培养学生的言辞表达能力和思辨能力。其次，通过历史课程，介绍不同历史时期的法治制度、法律发展等内容，让学生了解法治的历史渊源和演变过程。也可以通过对历史事件的案例分析，引导学生思考法治对社会的重要性，培养学生的历史意识和法治观念。再次，通过科学课程，引导学生了解科学技术发展对道德与法治的影响，让学生思考科学技术发展如何促进社会进步，也可能带来对道德与法治的挑战。通过讨论科学伦理、科学道德等内容，培养学生的科学素养和道德意识。最后，通过艺术课程，引导学生通过音乐、美术、舞蹈等形式，表达对道德与法治的理解和情感。也可以通过对艺术作品的赏析，让学生感受艺术对道德情感的表达，培养学生的审美情操和道德情感。通过以上学科整合的方式，学生可以在多个学科领域中全面学习道德与法治知识，促进综合素养的提升，培养学生的综合分析和解决问题的能力。

三、以本土资源为主题整合教学内容

（一）以文物古迹为主题构建教学内容

本土文物古迹是一个国家或地区独有的宝贵资源，它们承载着丰富的历史、文化和道德内涵，对于道德与法治教学具有重要的教育意义。

首先，以文物古迹为主题构建教学内容，将本土文物古迹作为道德教育的载体具有重要意义。一是本土文物古迹承载着丰富的历史文化信息，通过深入了解本土文物古迹，可以让学生感受到历史的厚重和传统的魅力，从而培养他们对历史文化的尊重和传承意识，促进道德品质的培养。二是对本土文物古迹的保护是每个公民应尽的责任，通过学习本土文物古迹，可以引导学生了解文物保护的重要性和方法，培养他们的文明素养和文物保护意识，使其具备保护文物的责任感和行动能力。三是本土文物古迹是民族文化的重要组成部分，通过深入了解本土文物古迹，可以帮助学生建立对本民族文化的自信和认同感，激发他们对传统文化的热爱和保护意识，培养学生的社会责任感和文化自信心。四是本土文物古迹中蕴含着丰富的历史情感和道德规范，如对文物的敬畏、对历史的敬仰等。通过学习本土文物古迹，可以引导学生树立正确的历史使命和价值观，培养他们的个人修养和品德塑造，使其具备良好的道德品质和社会行为规范。因此，以文物古迹为主题构建教学内容，可以帮助学生深入了解和体验传统文化、文物保护、社会责任和历史使命，促进他们的道德品质和社会责任感的培养，使其具备更加全面的文化素养和社会责任感。

其次，本土文物古迹也可以成为法治教育的重要资源。以文物古迹为主题构建教学内容，将本土文物古迹作为法治教育的重要资源具有重要意义。一是本土文物古迹往往承载着丰富的法治精神，如尊重历史、遵纪守法、公平正义等。通过深入了解本土文物古迹，可以让学生感受到法治精神在历史文化中的体现，从而培养他们对法治精神的尊重和理解，促进法治观念的内化和传承。二是本土文物古迹往往反映着古代社会的规范和秩序，通过学习本土文物古迹，可以引导学生认识到法治与社会规范的内在联系，促进他们形成遵纪守法、尊重法律的意识和行为习惯。三是本土文物古迹的保护和传承需要每个公民共同参与，通过深入了解本土文物古迹，可以激发学生对公民责任和法治精神的认识，促进他们树立积极的公民意识和社会责任感。四是本土文物古迹中蕴含着丰富的法治文化，如古代法律制度、司法实践等。通过学习本土文物古迹，可以向学生展示法治文化在历史中的重要地位，激发他们对法治文化的认同和弘扬。因此，本土文物古迹作为法治教育的重要资源，可以帮助学生深入了解和体验法治精神、社会规范、公民责任和法治文化，促进他们对法治的认识和理解，从而更好地培养他们的法治观念和法治能力。古迹所蕴含的历史文化信息往往与法律制度、社会秩序等方面有着密切的关联，通过对古迹的学习和探讨，可以引导学生了解法治的重要性，认识到法律对于社会稳定和文明进步的作用，培养学生的法治意识和法律素养。

总之，从本土文物古迹的角度来构建道德与法治教学内容，可以通过深入挖掘古迹所蕴含的历史文化、道德与法治内涵，引导学生树立正确的价值观念和法治意识，从而达到全面提升学生道德素养和法治素养的教育目标。

（二）以民俗风情为主题构建教学内容

以本土民俗风情为主题构建道德与法治教学内容具有重要的教育意义。本土民俗风情是一个地区独有的文化遗产，它承载着丰富的传统价值观念和社会规范，对于道德与法治教育具有重要的启发和引导作用。

首先，本土民俗风情可以作为道德教育的生动教材。以民俗风情为主题构建教学内容，将本土民俗风情作为道德教育的生动教材。一是本土民俗风情蕴含着丰富的传统价值观念，如孝道、礼仪、友善、勤劳等。通过深入了解和学习本土民俗，可以让学生感受到传统价值观念的魅力和深刻内涵，从而培养他们对这些价值观念的认同和传承意识，促进道德品质的培养。二是本土民俗往往反映了当地人民的团结合作精神和社会责任感。通过学习本土民俗，可以引导学生了解民间互助、邻里和睦、共同进退的传统观念，激发他们对社会责任和团结合作的认识和意识，从而培养其社会责任感和团队精神。三是通过深入了解本土民俗，可以帮助学生建立对本民族文化的自信和认同感，激发他们对传统文化的热爱和保护意识。这有助于培养学生的文化自觉和民族认同感，从而促进他们道德品质和文化素养的提升。四是本土民俗中蕴含着丰富的人文情感和道德规范，如尊老爱幼、诚实守信、守时守约等。通过学习本土民俗，可以引导学生树立正确的人生观和价值观，培养他们的个人修养和品德塑造，使其具备良好的道德品质和社会行为规范。总之，本土民俗风情作为道德教育的生动教材，可以帮助学生深入了解和体验传统价值观念、社会责任、文化自信和个人修养，从而为他们的道德品质和社会责任感的培养提供丰富的教育资源。通过深入了解和体验本土民俗风情，学生可以感受到传统文化的魅力和人文情怀，从而培养对传统价值观念的尊重和传统礼仪的重视。许多民俗活动和习俗都蕴含着丰富的道德内涵，可以通过这些民俗来引导学生树立正确的道德观念和行为准则。

其次，本土民俗风情也可以成为法治教育的重要资源。一是本土民俗中往往蕴含着对规范和秩序的尊重，以及对公平正义的追求。通过深入了解本土民俗，学生可以感受到民间传统中对法治观念的内化和体现，从而培养他们对法治的尊重和理解，促进法治观念的内化和传承。

二是本土民俗中常常包含着对社会规范和行为准则的传承和弘扬，这些规范和准则往往与法律有着内在的联系。通过学习本土民俗，可以引导学生认识民间规范与法律的关系，促进他们形成遵纪守法、尊重法律的意识和行为习惯。三是本土民俗中的一些习俗和传统活动往往需要民众共同遵守和参与，这培养了公民的责任感和参与意识。通过深入了解本土民俗，可以激发学生对公民责任和参与的认识，促进他们树立积极的公民意识和社会参与意识。四是本土民俗中的一些典故和故事往往体现着法治精神，如讲求公平正义、尊重法律等。通过学习本土民俗，可以向学生展示法治精神在民间传统中的体现，激发他们对法治精神的认同和弘扬。因此，本土民俗风情作为法治教育的重要教学资源，可以帮助学生深入了解和体验法治观念、社会规范、公民责任和法治精神，促进他们对法治的认识和理解，从而更好地培养他们的法治观念和法治能力。许多民俗活动和习俗都与社会秩序、法律规范有着密切的关联，通过对民俗的学习和探讨，可以引导学生了解法治的重要性，认识到法律对于社会稳定和文明进步的作用。同时，民俗活动中的公平正义、诚信友善等价值观念也可以成为培养学生法治意识和法律素养的重要途径。

总之，从本土民俗风情的角度来构建道德与法治教学内容，可以通过深入挖掘民俗所蕴含的传统价值观念和社会规范，引导学生树立正确的价值观念和法治意识，从而达到全面提升学生道德素养和法治素养的教育目标。

（三）以地域特色为主题构建教学内容

以本土地域特色为主题构建道德与法治教学内容，可以帮助学生深入了解和认识本土地域的自然环境、人文历史和社会特点，从而培养正确的道德观念和法治意识。

首先，本土地域特色可以作为道德教育的重要内容，从而深入了解本土地域环境，培养学生保护环境的道德观念。一是通过深入了解本土地域环境，包括自然地理、生态环境、人文历史等方面的特点，可以让学生对所处地域的环境有更深入的认识和了解。这有助于引导学生从情感上建立起对本土环境的依恋和热爱，从而为培养保护环境的道德观念奠定基础。二是通过深入了解本土地域环境的生态系统，可以向学生展示生态平衡、物种多样性和自然资源的重要性。引导学生意识到保护环境不仅是对自然的责任，也是对后代和整个人类社会的责任，从而培养他们的环境保护道德观念。三是了解本土地域环境中存在的环境问题，如水污染、空气污染、生态破坏等，可以引导学生思考当地环境问题的成因和解决方案。通过学习当地的环境保护实践和案例，可以激发学生参与环境保护的积极性，培养他们的环境保护意识和行动能力。四是鼓励学生参与当地社区的环保活动和志愿服务，让他们亲身感受环境保护的重要性和影响，从而培养他们的环保责任感和实践能力。总之，通过深入了解本土地域环境，可以培养学生保护环境的道德观念，引导他们珍爱环境、关注环境、参与环境保护，从而为未来的可持续发展和生态文明建设培养具有责任感和使命感的公民。通过深入了解本土地域的自然风光、资源分布和生态环境，可以培养学生对自然的敬畏和珍惜，从而形成保护环境、爱护自然的道德观念。同时，本土地域的人文历史和社会风貌也承载着丰富的道德内涵，可以通过这些特色来引导学生形成正确的社会责任感和公民道德。

其次，本土地域特色也可以成为法治教育的重要资源。一是本土地域特色往往蕴含着丰富的历史文化和传统价值观念，这些传统文化中往往融合了对道德与法治的理解和要求。通过深入挖掘本土地域特色，可以引导学生了解和尊重当地的传统文化，从而培养他们对法治的尊重和理解，促进法治观念的内化和传承。二是不同地域在面对特定的社会问题时，可能会有针对性地制定一些地方法规和条例，以解决当地的法律问题。通过分析当地的立法实践，可以帮助学生理解法治的实践意义，并引导他们思考如何在日常生活中遵守当地的法律法规，从而增强法治意识。三是本土地域特色往往反映了当地的社会生活和发展状况，通过组织学生参与当地的社会实践活动，可以让他们亲身感受法治在当地社会中的作用和意义，增强他们的法治观念和责任意识。四是地方案例与法治教育。通过挖掘当地的法治案例，可以向学生展示具体的法治实践和案例分析，让他们了解法治理念在当地的具体应用和效果，从而加深他们对法治的认识和理解。总之，本土地域特色作为法治教育的重要教学资源，可以帮助学生深入了解和体验法治在当地的具体实践和意义，促进他们对法治的认识和理解，从而更好地培养他们的法治观念和法治能力。地域特色往往与地方政治、经济、文化等方面有着密切的联系，通过对地域特色的学习和探讨，可以引导学生了解法治在地方治理中的重要性，认识法律对于地方社会秩序和发展的作用。同时，地域特色中的社会规范、传统习俗等也可以成为培养学生法治意识和法律素养的重要途径。

综上所述，从本土地域特色的角度来构建道德与法治教学内容，可以通过深入挖掘地域特色所蕴含的自然、人文和社会内涵，引导学生树立正确的价值观念和法治意识，从而达到全面提升学生道德素养和法治素养的教育目标。

四、以环境保护为主题构建教学内容

（一）以自然环境保护为主题构建教学内容

以环境保护为主题构建道德与法治教学内容是非常重要的，而从自然环境保护的角度进行论述可以帮助学生深入了解环境保护的重要性，并培养正确的道德观念和法治意识。

首先，自然环境保护是道德教育的重要内容。通过深入了解自然环境的生态系统和生物多样性，学生可以领会自然界的复杂和多样，从而培养对自然的敬畏和珍惜。了解生态系统的构成和生物多样性的重要性，有助于学生形成对自然环境的尊重和保护意识。同时，通过深入了解资源分布和自然环境的脆弱性，学生可以培养对自然的敬畏和珍惜。了解自然环境的宝贵性和脆弱性，有助于学生形成珍视自然、保护环境的道德观念。此外，通过学习环境保护的道德内涵，如尊重生命、保护生态平衡等，学生可以培养正确的道德观念和环保意识。他们可以意识到自己作为地球的一分子，有责任保护环境，从而形成积极的环保态度和行为。

其次，自然环境保护是法治教育的重要资源。自然环境保护往往与法律法规、政府政策等有着密切的联系。通过对环境保护的学习和探讨，可以引导学生了解法治在自然环境保护中的重要性。他们可以认识到法律对于环境保护的作用，以及法治在维护生态平衡、保护自然资源和减少环境污染方面的重要作用。通过了解环境法律法规、环境监管机制等，学生可以培养正确的法治意识和环保法律素养。他们可以了解自己作为公民在环境保护中的权利和义务，以及法律对于环境保护的规范和保障作用。此外，通过引导学生了解环境保护的法律内涵，包括相关的法律法规、环境监管机制等，有助于学生形成对法治在环境保护中的理解和认识。

因此，从自然环境保护的角度构建道德与法治教学内容，通过深入挖掘自然环境保护所蕴含的生态内涵，可以让学生了解自然环境对人类的重要性，培养对自然的敬畏和珍惜。了解生态系统的平衡和自然资源的重要性，有助于学生形成保护环境、珍惜资源的道德观念。也可以通过挖掘自然环境保护所蕴含的资源内涵，让学生认识自然资源的宝贵性和有限性，培养对资源的合理利用和保护意识，从而形成对资源的珍惜和保护的道德观念。通过引导学生了解自然环境保护的法律内涵，包括相关的法律法规、环境监管机制等，可以培养正确的法治意识和环保法律素养。学生可以了解到法律对于自然环境保护的规范和保障作用，从而形成遵纪守法、维护环境的法治观念。

（二）以动物植物保护为主题构建教学内容

以动植物保护为主题构建道德与法治教学内容是非常重要的，因为动植物是生态系统中不可或缺的一部分，从动植物保护的角度进行论述可以帮助学生深入了解保护动植物的重要性，并培养正确的道德观念和法治意识。

首先，动植物保护作为道德教育的重要内容，通过深入了解动植物的生态地位、生存环境和生存困境，学生可以培养对动植物的尊重和关爱。了解动植物在生态系统中的作用和存在的困境，有助于学生形成对动植物的珍视和保护意识。同时，通过学习动植物保护的知识，学生可以形成保护动植物、维护生态平衡的道德观念。他们可以意识到自己作为地球的一分子，有责任保护动植物，从而形成积极的环保态度和行为。此外，了解动植物保护的道德内涵，如尊重生命、保护生态平衡等，有助于培养学生正确的道德观念和环保意识。通过关注动植物保护，学生可以意识到环境保护不仅仅是为了人类自身利益，更是为了整个生态系统的平衡和稳定。

其次，动植物保护也可以成为法治教育的重要资源，保护动植物往往涉及法律法规、政府政策等方面。通过对动植物保护的学习和探讨，可以引导学生了解法治在动植物保护中的重要性。他们可以认识到法律对于保护动植物的作用，以及法治在维护生态平衡和保护生物多样性方面的重要作用。同时，通过了解相关的法律法规、野生动植物保护法等，学生可以培养正确的法治意识和保护动植物的法律素养。他们可以了解到自己作为公民在保护动植物方面的权利和义务，以及法律对于动植物保护的规范和保障作用。此外，通过法治教育，学生可以了解自己在保护动植物方面的法律责任，从而积极参与保护动植物的行动，促进生态环境的可持续发展。

因此，从动植物保护的角度构建道德与法治教学内容，通过深入挖掘动植物保护所蕴含的生态内涵，可以让学生了解动植物在生态系统中的作用和价值，培养对生态系统的尊重和关爱，从而形成保护动植物、维护生态平衡的道德观念。同时也可以挖掘动植物保护所蕴含的资源内涵，让学生认识到动植物资源的宝贵性和有限性，培养对资源的珍惜和节约意识，从而形成对资源的合理利用和保护的道德观念。此外，通过引导学生了解动植物保护的法律内涵，包括相关的法律法规、野生动植物保护法等，可以培养正确的法治意识和保护动植物的法律素养。学生可以了解到法律对于动植物保护的规范和保障作用，从而形成遵纪守法的自觉。通过以上方式，可以全面提升学生的道德素养和法治素养，使他们树立正确的价值观念和法治意识，从而达到全面提升学生道德素养和法治素养的教育目标。

（三）以生态环境保护为主题构建教学内容

以生态环境保护为主题构建道德与法治教学内容具有重要的教育意义。生态环境是人类赖以生存的基础，因此从生态环境保护的角度进行论述可以帮助学生深入了解生态环境的重要性，并培养正确的道德观念和法治意识。

首先，生态环境保护作为道德教育的重要内容，通过深入了解生态系统的构成、生物多样性和生态平衡，学生可以培养对生态环境的尊重和珍惜。了解生态系统的复杂性和生物多样性的重要性，有助于学生形成对生态环境的珍视和保护意识。同时，通过学习生态环境保护的知识，学生可以形成保护生态环境、维护生态平衡的道德观念。他们可以意识到自己作为地球的一分子，有责任保护环境，从而形成积极的环保自觉和行为。此外，了解生态环境保护的道德内涵，如尊重自然、保护生态平衡等，有助于培养学生正确的道德观念和环保意识。这种意识将引导他们在日常生活中采取积极的环保行动，为生态环境的保护贡献自己的力量。

其次，生态环境保护作为法治教育的重要资源，往往涉及法律法规、政府政策等方面。通过对生态环境保护的学习和探讨，可以引导学生了解法治在生态环境保护中的重要性。他们可以认识到法律对于生态环境保护的作用，以及法治在维护生态平衡和保护自然资源方面的重要作用。同时，通过了解相关的法律法规、环境保护法等，学生可以培养正确的法治意识和生态环境保护的法律素养。他们可以了解到自己作为公民在生态环境保护中的权利和义务，以及法律对于环境保护的规范和保障作用。最后，通过法治教育，学生可以意识到自己应当依法参与生态环境保护，遵守环境保护法律法规，同时也可以学会通过法律手段维护自己的环境权益，从而形成积极的法治意识和行为。

因此，从生态环境保护的角度来构建道德与法治教学内容，可以通过深入挖掘生态环境保护所蕴含的生态平衡、资源可持续利用的法律内涵，引导学生树立正确的价值观念和法治意识，从而达到全面提升学生道德素养和法治素养的教育目标。

五、以中华优秀传统文化为主题构建教学内容

（一）以文字文化为主题构建教学内容

以中华优秀传统文化为主题构建道德与法治教学内容，从文字文化的角度进行论述，可以帮助学生深入了解中华传统文化中蕴含的道德观念和法治理念。

首先，文字文化作为中华传统文化的重要组成部分，深入学习中华传统经典文学作品，如《论语》《大学》《中庸》等，可以使学生领略其中蕴含的丰富的道德智慧。通过深入学习《论语》《大学》《中庸》等经典文学作品，学生可以感受到其中蕴含的丰富的道德智慧。比如，《论语》中强调孝道、仁爱、诚信等价值观念，《大学》中提倡修身齐家治国平天下，《中庸》中强调中庸之道等，这些价值观念都可以帮助学生树立正确的道德观念。同时，经典作品中所传达的孝道、仁爱、诚信等传统价值观念，可以帮助学生树立正确的道德观念。通过深入学习这些作品，学生可以领悟到尊重长辈、关爱他人的重要性，形成积极向上的品德。此外，通过深入学习中华传统经典文学作品，可以促进学生的道德素养和人格塑造。这些作品中所传达的道德智慧和价值观念，对于学生的品德养成和人格塑造具有重要的启发和影响。

其次，文字文化也反映了中华传统社会的法治理念。法治理念在经典文学作品中有所反映。在古代中国，法律和治理理念常常通过文字载于经典文学作品中，如《尚书》《礼记》等。这些经典作品中反映了古代中国的法治观念和治国理政的原则，体现了古代社会对法治的重视和思考。同时，通过对这些文化遗产的学习，学生可以了解古代中国的法治观念和治国理政的原则。这有助于培养学生对法治的认识和尊重，引导他们树立法治意识和遵纪守法的自觉。此外，通过学习文字文化中反映的法治理念，可以引导学生树立尊重法律、注重秩序的法治意识，培养遵纪守法的自觉，从而使他们在日常生活中更加自觉地遵守法律法规，维护社会秩序和公共利益。

因此，从文字文化的角度构建道德与法治教学内容，可以通过深入挖掘中华传统文化中所蕴含的道德观念和法治理念，引导学生树立正确的价值观念和法治意识，从而达到全面提升学生道德素养和法治素养的教育目标。

（二）以历史文化为主题构建教学内容

以中华优秀传统文化为主题构建道德与法治教学内容，从历史文化的角度进行论述，可以帮助学生深入了解中华传统文化中蕴含的道德观念和法治理念。

首先，透过学习中华优秀传统文化的历史，学生可以领略到中国古代社会的道德观念和法治理念。例如，通过了解古代的礼乐制度、士人风范以及圣贤治国的理念，学生可以从历史文化中汲取道德典范和法治智慧，培养正确的道德观念和法治意识。这种学习有助于学生树立正确的价值观念，培养良好的品德和法治意识，为其成长和未来的社会生活打下坚实的文化基础。透过对中华优秀传统文化的历史学习，学生能够汲取古代道德观念和法治理念的智慧，从而在当代社会中更好地理解和应用这些价值观念。

其次，历史文化也反映了中华传统社会的法治观念。在中国古代，法律和治理理念常常通过历史文化传承下来，例如《尚书》《礼记》等经典著作中就包含了古代中国的法治观念和治国原则。通过对这些历史文化的学习，学生可以了解古代中国的法治观念和治国理政的原则，从而培养对法治的认识和尊重，引导他们树立法治意识和遵纪守法的态度。这样的学习有助于学生深刻理解法治的重要性，培养尊重法律、守法诚信的品质，为其未来的成长和社会生活奠定坚实的法治基础。通过对中华传统社会的法治观念和治国原则的学习，学生能够树立正确的法治意识和遵纪守法的态度，为个人品德和社会责任的培养提供重要支持。

因此，从历史文化的角度构建道德与法治教学内容，可以通过深入挖掘中华传统文化中所蕴含的道德观念和法治理念，引导学生树立正确的价值观念和法治意识，从而达到全面提升学生道德素养和法治素养的教育目标。这样的教学内容设计有助于学生深刻理解传统文化中的道德与法治内涵，为其道德品质和法治素养的培养提供重要支持。通过历史文化的教育，学生能够更好地树立正确的价值观念，增强法治意识，从而使道德品质和法治素养得到全面提升。

（三）以民俗文化为主题构建教学内容

以中华优秀传统文化为主题构建道德与法治教学内容，从民俗文化的角度进行论述，可以帮助学生深入了解中华传统文化中蕴含的道德观念和法治理念。以民俗文化为主题构建道德与法治教学内容可以带来丰富的教育意义和教学效果。民俗文化作为一种传统文化形式，蕴含着丰富的道德观念和法治精神，通过对民俗文化的学习和探讨，可以促进学生的道德素养和法治意识的培养。

首先，民俗文化是中华传统文化的重要组成部分，通过学习传统节日由来、习俗、传统手工艺等民俗文化，学生可以领略到其中蕴含的丰富的道德智慧。民俗文化中蕴含着丰富的传统道德观念，如孝道、礼仪、诚信等。通过对民俗文化的学习，可以让学生了解传统道德观念的内涵和意义，促进学生对传统道德价值的认同和传承。例如，春节贴对联、端午包粽子、中秋赏月等民俗活动都蕴含着传统的道德观念，如团圆、孝道、友爱等，可以帮助学生树立正确的道德观念，引导他们在日常生活中尊重长辈、关爱他人，形成积极向上的品德。

其次，民俗文化也反映了中华传统社会的法治观念。传统的民间纠纷解决方式、村规民约等民俗文化中的实践方式，都蕴含着法治精神。民俗文化中反映的法治精神和法律意识，可以让学生了解传统社会的法治观念和法律制度，培养学生的法治意识和法律素养。通过对这些民俗文化的学习，学生可以了解古代中国的法治观念和社会治理方式，从而培养对法治的认识和尊重，引导他们树立法治意识和遵纪守法的态度。

再次，以民俗文化为主题的道德与法治教学内容可以结合情境化教学实践，引导学生通过参与民俗活动、田野调研等方式深入了解民俗文化，感受其中蕴含的道德情感和法治精神，从而提升学生的情感投入和学习体验。同时，民俗文化涉及历史、地理、语言、艺术等多个学科领域，可以通过跨学科整合的方式构建道德与法治教学内容，促进学生对民俗文化的全面理解，同时也促进不同学科知识的融合和交叉应用。

因此，以民俗文化为主题构建道德与法治教学内容有助于激发学生对传统文化的兴趣，促进学生的道德素养和法治意识的培养，同时也有助于促进学科知识的整合和学习体验的丰富化。从民俗文化的角度构建道德与法治教学内容，可以通过深入挖掘中华传统文化中所蕴含的道德观念和法治理念，引导学生树立正确的价值观念和法治意识，从而达到全面提升学生道德素养和法治素养的教育目标。

六、以生态伦理为主题构建教学内容

（一）以人与自然的关系为主题构建教学内容

以人与自然的关系构建道德与法治教学内容，从研究人与自然之间道德关系的科学角度进行论述，可以深化学生对人类与自然、人与人之间道德关系的理解，促进道德素养和法治意识的提升。

首先，研究人与自然之间道德关系的科学涉及人类对自然环境的态度和行为，以及这种态度和行为对人类社会和个体的影响。通过对这一关系的研究，可以引导学生认识人类的行为对自然环境的影响，并培养出尊重自然、保护环境的道德观念。其次，深层生态伦理的研究更加关注非人类生物和整个生态系统的利益和权利。挪威学者阿兰奈斯的"生态学纲领"与"生态智慧论"为深层生态伦理确立了一个具有包容性的理论规范，为生态伦理学奠定了理论基础。这种研究可以帮助学生理解人类与自然之间更深层次的道德关系，培养出更为全面的生态伦理思维和社会责任感。因此，从研究人与自然之间道德关系的科学角度构建道德与法治教学内容，可以帮助学生树立正确的生态伦理观念和法治意识，引导他们在日常生活中尊重自然、保护生态，从而达到全面提升学生道德素养和法治素养的教育目标。

以生态伦理为主题构建道德与法治教学内容，从人与自然的关系的角度进行论述，可以帮助学生深入思考人类与自然环境之间的相互依存和相互影响关系，从而培养正确的环境伦理观念和法治素养。其一，通过深入探讨人与自然的关系，学生可以理解人类对自然的依赖和影响。传统的生态伦理观念强调人类应当尊重自然、与自然和谐相处，而不是掠取和破坏自然。通过学习生态伦理，学生可以认识到人类活动对自然环境的影响，并培养出尊重自然、保护环境的道德观念。其二，从法治教学的角度，可以引导学生了解相关的环境法律法规和政策，明确环境保护的法律责任和义务。通过深入了解法治理念在环境保护中的应用，学生可以树立遵守环境法律法规、主动参与环境保护的法治意识，从而培养良好的法治素养。因此，从人与自然的关系的角度构建道德与法治教学内容，可以帮助学生树立正确的环境伦理观念和法治意识，引导他们在日常生活中尊重自然、保护环境，从而达到全面提升学生道德素养和法治素养的教育目标。

（二）以保护自然资源为主题构建教学内容

为了人类的发展与进步保护自然资源，实现生态平衡，维护和促进生态系统的完整和稳定是人类应尽的义务，也是生态价值与生态伦理的核心内涵。

1.生态危机主要是由于生态系统的生物链遭到破坏，进而给生物的生存发展带来困难

中华优秀传统文化中蕴含着丰富的自然哲学思想，强调人与自然的和谐共生。古代的儒家、道家等学派都提倡顺应自然、保护环境，这些思想为今天构建道德与法治教学内容提供了宝贵的精神资源。在教学中，可以引导学生了解这些传统文化中的自然保护理念，培养他们尊重自然、保护环境的道德意识。

中国的传统节庆活动往往与自然保护紧密相关。例如，清明节扫墓植树、端午节挂艾草等习俗，都是对自然资源的一种保护和利用。通过这些节庆活动，可以让学生体会到传统文化中对自然的敬畏和保护，从而在日常生活中践行节约资源、减少污染的行为。

中华传统艺术，如山水画、诗词歌赋等，常常以自然景观为创作主题，展现了人与自然和谐相处的美学追求。在教学中，可以利用这些艺术作品来启发学生对自然美的欣赏，进而激发他们保护自然环境的热情和责任感。

中华优秀传统文化中的伦理道德观念，如仁爱、诚信、和谐等，可以与现代法治教育相结合，形成一套完整的道德与法治教学体系。在这一体系中，保护自然资源不仅是道德上的要求，也是法律上的义务。通过教学，学生可以了解违反自然保护法规的法律后果，从而在行动上更加自觉地遵守相关法律法规。

在现代教育中，可以创新性地将中华优秀传统文化融入自然保护的教学内容中。例如，通过开展以传统文化为主题的环保项目、社会实践活动等，让学生在实践中学习和体验传统文化与自然保护的结合。这样的教学方式不仅能够增强学生的文化自信，也能够提高他们的环保意识和法治观念。

2.以生命价值为主题构建教学内容

以生命价值为主题构建教学内容，可以帮助学生深入理解生命价值的重要性，培养正确的生命伦理观念和法治意识，从而促进对人类和非人类生命的尊重和保护。生命价值是一个核心议题，在教学内容中，可以从以下角度进行论述：

中华传统文化中，生命被视为最宝贵的存在，古代的《弟子规》《三字经》等经典读物中，都包含了对生命的尊重和教育。通过这些传统教育材料，可以让学生了解如何在生活中实践对生命的尊重，比如孝顺父母、关爱他人等，这些都是对生命价值的体现。在道德与法治教学中，可以从这些传统文化中汲取智慧，引导学生认识到生命的不可侵犯性，培养他们尊重生命、珍视生命的道德观念。

中华传统文化中的伦理道德，如孝、悌、忠、信等，都与维护生命尊严息息相关。在道德与法治教学中，可以将这些伦理道德与现代法律相结合，教育学生认识尊重生命不仅是道德上的要求，也是法律上的义务。中华传统医学，也强调整体观念和预防为主，倡导人们通过合理饮食、适度运动等方式维护身体健康。在教学中，可以结合传统医学的理念，教育学生如何维护自身健康，同时也关注他人的健康，体现对生命的关怀。

现代社会中，生命教育尤为重要。可以将中华优秀传统文化中的生命价值观念融入教育内容中，生命价值教育不应局限于道德与法治课程，而应跨学科进行。例如，在生物课上，可以讨论生命的起源和多样性；在历史课上，可以探讨不同文化对生命价值的看法；在艺术课上，可以通过绘画、音乐等形式表达对生命的感悟。这种跨学科的教育方式有助于学生全面理解生命的意义。以生命价值为主题构建道德与法治教学内容，不仅能够加深学生对中华优秀传统文化的理解，还能够培养他们的道德素养和法治意识，为构建和谐社会奠定基础。

七、以国家领土、主权为主题构建教学内容

（一）以国家主权为主题构建教学内容

首先，国家主权是国家的核心利益之一，涉及国家的独立、安全和发展。教学内容应当引导学生尊重和珍视国家主权，培养对国家独立和安全的道德责任感。学生应当意识到，尊重国家主权是对国家尊严和整体利益的尊重，是每个公民应尽的道德义务。国家主权是国家的重要组成部分，关乎国家的独立和安全。在教学中，我们应当引导学生深刻理解国家主权的重要性，意识到国家主权的稳固和完整对国家安全和发展的重要意义。学生应当树立尊重和珍视国家主权的意识，将其视为每个公民的基本道德责任。通过教育，学生将意识到自己作为国家的一员，应当为维护国家主权尽自己的一份力量，将国家利益置于个人利益之上。这样的教育将有助于培养学生的爱国情怀和责任意识，为国家的繁荣稳定贡献力量。

其次，国家主权在国际法上具有明确的法律地位，国际法赋予各国对自己领土的主权和控制权。教学内容应当帮助学生了解国际法对国家主权的规定，引导他们认识到国家主权的法律意义和价值。国际法赋予各国对自己领土的主权和控制权，这是国际社会的共识和规范。在教学中，我们应当帮助学生深入了解国际法对国家主权的规定，让他们认识到国家主权的法律意义和价值。学生应当明白，遵守国际法、维护国家主权是每个公民应尽的法律责任，也是维护国家独立和安全的重要举措。通过教育，学生将逐渐形成对国际法的尊重和遵守，树立对国家主权的法律责任感。他们将意识到自己作为国家公民，应当遵守国际法规定，维护国家主权的完整和稳定。

（二）以领土完整为主题构建教学内容

领土完整是国家独立和统一的重要标志，也是国家尊严和整体利益

的体现。教学内容应当引导学生尊重和珍视国家的领土完整，培养对国家统一和领土完整的道德责任感。学生应当意识到，维护国家领土完整是对国家尊严和整体利益的尊重，是每个公民应尽的道德义务。国家的领土完整是国家独立和统一的象征，也体现了国家的尊严和整体利益。在教学中，我们应当引导学生深刻理解领土完整对国家的重要意义，意识到维护国家领土完整对国家统一和安全的重要性。学生应当树立尊重和珍视国家领土完整的意识，将其视为每个公民的基本道德责任。通过教育，学生将逐渐形成对国家领土完整的尊重和珍视，树立对国家统一和领土完整的道德责任感。他们将意识到自己作为国家的一员，维护国家领土完整是维护国家尊严和整体利益的重要举措。

领土完整在国际法上具有明确的法律地位，国际法赋予各国对自己领土的主权和控制权。教学内容应当帮助学生了解国际法对领土完整的规定，引导他们认识到领土完整的法律意义和价值。领土完整是国际法所保障的重要原则，各国对自己领土的主权和控制权受到国际法的明确规定和保护。在教学中，我们应当帮助学生深入了解国际法对领土完整的规定，让他们认识到领土完整的法律意义和价值。学生应当明白，遵守国际法、维护国家领土完整是每个公民应尽的法律责任，也是维护国家独立和安全的重要举措。通过教育，学生将逐渐形成对国际法的尊重和遵守，树立对领土完整的法律责任感。他们将意识到自己作为国家的一员，维护国家领土完整是每个公民应尽的法律责任。

综上所述，领土完整是道德与法治教学内容中重要的主题之一。教学内容应当引导学生尊重和珍视国家的领土完整，培养对国家统一和领土完整的道德责任感，同时帮助他们了解国际法对领土完整的规定，认识到领土完整的法律意义和价值。总的来说，领土完整不仅是道德教育的重要内容，也是法治教育的重要组成部分，并明白遵守国际法、维护国家领土完整是每个公民应尽的法律责任。这样的教学内容将有助于培养学生的国家意识和法治观念，促进他们成为具有责任感和法律素养的公民。

八、以开放的国际视野为主题构建教学内容

（一）以国际友好关系为主题构建教学内容

以国际友好关系为主题构建道德与法治教学内容，可以帮助学生了解国际道德规范和法治原则，促进他们树立正确的国际友好观念和法治意识。

首先，借助国际友好关系的案例和故事，可以帮助学生深入了解国家间友好合作的重要性，培养他们的国际友好情感和道德观念。同时，还可以探讨国际友好关系中的道德准则，例如尊重他国文化、遵守国际条约等，引导学生思考国际友好关系中可能出现的道德困境，并探讨解决这些困境的方法。通过这样的教学方式，学生将更加深入地理解国际友好关系的重要性，树立尊重和包容不同文化的态度，同时培养处理国际友好关系中可能出现的道德挑战的能力。这有助于他们成为具有国际视野和全球责任感的公民。

其次，国际友好关系与法治。在教学中，可以通过国际法律和国际法规向学生介绍国际友好关系中的法治原则和规范，让他们了解国际法律对国家间关系的规范和约束。此外，还可以通过国际法庭的案例等教学内容，让学生深入了解国际友好关系中的法治机制以及维护国际法治的重要性。通过这样的教学方式，学生将更加深入地理解国际法在国际友好关系中的作用，认识到法治对维护国际友好关系和解决国际争端的重要性。这将有助于培养学生的法治观念和国际法意识，使他们成为具有国际视野和法律素养的公民。

最后，国际友好关系的实践活动。通过组织国际交流活动、友好访问等实践活动，可以让学生亲身体验国际友好关系的重要性，增进对国际友好关系的理解和认识，培养学生的国际视野和法治意识。这样的实践活动将帮助学生更好地理解国际友好关系的意义，增进对不同文化和国家的理解和尊重，促进他们树立开放包容的国际视野和法治意识。同时，这些实践活动也将激发学生对国际事务的兴趣，培养其参与国际交

流与合作的积极态度，为其未来的国际交往和合作打下良好的基础。

（二）以国际文化关系为主题构建教学内容

首先，以国际文化关系为主题构建道德与法治教学内容是一种有益的教学方法，可以帮助学生理解不同文化背景下的道德观念和法治原则。通过国际文化关系的案例和故事，引导学生了解不同文化背景下的道德观念差异。可以讨论不同文化对于道德、人权、公平正义等价值观念的看法，引导学生思考如何在不同文化之间保持沟通和理解。借助国际文化关系的案例和故事，我们可以帮助学生深入了解不同文化背景下的道德观念差异。通过这样的教学方式，学生将更加深入地理解不同文化之间的道德观念差异，培养尊重和理解不同文化的能力，同时促进跨文化交流和沟通的能力。将有助于学生树立开放包容的国际视野，增进对多元文化的尊重和理解，为他们未来的国际交往和合作打下良好的基础。

其次，国际法治原则的比较与融合。在教学中，我们可以通过国际法律和国际法规向学生介绍不同国家间的法治原则和规范。通过这样的教学内容，学生可以了解国际法律对国际文化关系的规范和约束，以及国际法治原则在文化交流中的作用。将帮助学生深入了解国际法律对文化交流的保护和促进作用，以及在不同文化交流中如何维护法治。通过比较不同国家间的法治原则和规范，学生将更好地理解国际法治的多样性和共通性，培养跨文化交流和合作的能力，为未来的国际交往打下坚实的法治基础。

最后，通过案例分析和讨论，我们可以引导学生了解文化冲突对道德与法治的挑战。学生将学习如何通过尊重、包容和对话来化解文化冲突，以及国际法治机制在文化冲突解决中的作用。这样的学习有助于培养学生的跨文化交流能力，并提升他们解决文化冲突的道德智慧。通过这样的教学内容，学生将更深入地理解文化冲突对道德与法治的挑战，同时培养他们在跨文化交流中处理冲突的能力，促进国际友好关系的发展。

（三）以国际经济关系为主题构建教学内容

以国际经济关系为主题构建道德与法治教学内容有助于学生理解国际商业活动中的道德和法律规范，培养学生的全球化视野和法治意识。具体内容包括：

一是国际商业道德。通过案例和实例，我们可以引导学生深入了解国际商业活动中的道德问题，例如贿赂、不当竞争、环境保护等。学生将有机会讨论不同文化背景下的商业道德观念和差异，以及如何在国际商业活动中维护道德标准。这样的学习内容将帮助学生认识国际商业道德对全球商业环境的重要性，培养他们在跨文化商业交往中遵循道德规范的能力。通过深入讨论和分析案例，学生将更好地理解不同文化背景下的商业道德观念，促进他们在未来的国际商业活动中维护道德标准的能力。

二是国际商业法律规范。通过介绍国际贸易法、国际商法等相关法律规范，我们可以让学生了解国际商业活动中的法律框架和规定。学生将有机会学习国际商业合同、知识产权保护、跨国投资等方面的法律知识，深入了解国际经济关系中的法治原则。这样的学习内容将有助于学生建立对国际商业法律规范的基本认识，培养他们在国际商业活动中遵守法律规定的能力。通过学习国际商业法律规范，学生将更好地理解国际经济关系中的法治原则，为未来的国际商业活动打下坚实的法律基础。

三是全球化视野与法治意识。培养学生的全球化视野，让他们了解国际经济关系对全球发展的影响，以及国际经济合作中的道德与法治挑战。通过学习国际经济关系，培养学生的法治意识和全球化责任感，引导他们在未来的国际商业活动中遵守道德规范和法律法规。通过培养学生的全球化视野，可以让他们深入了解国际经济关系对全球发展的影响，以及在国际经济合作中所面临的道德与法治挑战，同时培养他们在国际商业活动中秉持道德规范和遵守法律法规的意识。通过这样的教育，学生将更好地理解全球化背景下的法治意识和全球化责任感的重要性，为未来的国际商业活动做好充分准备。

第三节　深度化设计教学活动

一、重视真实情境的创设

在深度化设计道德与法治教学活动时，重视真实情境的创设是至关重要的。通过真实情境的创设，可以让学生更深入地理解道德与法治的概念，并将这些概念应用到实际生活和社会情境中。具体内容包括：

一是案例分析与角色扮演。通过设计真实的案例，学生将有机会深入了解道德与法治问题的复杂性和多样性。他们可以通过案例分析，从不同角度思考并讨论解决方案，以此加深对真实情境的理解。此外，设计角色扮演活动也将为学生提供一个从不同视角思考和解决道德与法治问题的机会，促进他们对案例情境的更深入理解。这样的教学方法将帮助学生在实践中培养解决问题的能力，增进对道德与法治问题的敏感度，以及培养他们的批判性思维和综合分析能力。通过这样的活动，学生将更好地理解道德与法治问题的复杂性，并学会从多个角度思考和解决现实生活中的挑战。

二是虚拟仿真体验。通过运用虚拟仿真技术，我们可以创造出真实的社会情境，让学生在虚拟环境中体验道德与法治问题。学生可以在模拟的真实情境中进行决策和行动，从而加深对道德与法治问题的认识。这样的教学方法将为学生提供一个安全的环境，让他们在实践中体验和思考道德与法治问题，促进他们实际操作能力和决策能力的培养。通过虚拟仿真体验，学生将更深入地理解道德与法治问题，并在实践中培养解决问题的能力。

　　三是社区实践与调研项目。通过组织学生进行社区实践和调研项目，我们可以让他们深入社会实践中去感受和理解道德与法治问题。通过实际的社区调研和亲身实践，学生将更直观地认识道德与法治在真实社会中的重要性和影响。这样的实践活动将为学生提供一个与社会互动的机会，让他们在实践中感受和思考道德与法治问题，促进他们社会责任感和批判性思维的培养。通过亲身实践，学生将更深入地理解道德与法治问题，并在社区实践中培养解决问题的能力。

　　通过注重真实情境的创设，我们可以使道德与法治教学活动更加具有参与性和实践性，从而帮助学生在真实情境中全面理解和应用道德与法治知识。这样的教学方法将为学生提供一个更具参与性和实践性的学习体验，让他们在真实情境中应用所学的道德与法治知识，培养解决问题和决策的能力。通过真实情境的创设，学生将更全面地理解和应用道德与法治知识，为将来的社会实践和职业生涯做好准备。

二、强调项目任务的驱动

　　在深度化设计道德与法治教学活动时，强调项目任务的驱动可以激发学生的学习兴趣和参与度，促进他们的主动学习和实践能力的培养。以下是主要内容：

　　一是设计实践项目。通过设计具体的道德与法治实践项目任务，可以让学生在实际中应用所学知识，解决实际问题。例如，可以组织学生开展社区法律宣传活动、参与法律援助服务等，让他们通过实际项目任务来理解和实践道德与法治。这样的实践项目将为学生提供一个实际应用所学知识的机会，让他们在社区中解决实际问题，培养解决问题和决策的能力。通过参与实际项目任务，学生将更深入地理解和实践道德与法治，为将来的社会实践和职业生涯做好准备。

　　二是问题导向学习。问题导向学习是一种以问题为中心，引导学生主动探索和解决问题的教学方法。在道德与法治教学中，可以让学生从不同角度理解和体验中华优秀传统文化。例如，结合历史、文学、艺术等学科知识，让学生在探索古代文明的同时，思考其对现代法治的影响和启示，并鼓励学生进行实践活动，在活动结束后进行反思。通过写报告、开展小组讨论等方式，让学生总结自己在项目中的收获和不足，反思传统文化在现代社会的应用和价值，从而加深对道德与法治教学内容的理解。

三是跨学科项目整合：通过整合道德与法治教学与其他学科内容，设计跨学科的项目任务，我们可以将社会学、心理学等学科内容融入道德与法治教学中。这样的设计可以让学生在跨学科项目中全面理解和实践道德与法治知识。这样的跨学科项目将为学生提供一个更全面的学习体验，让他们在实践中综合运用不同学科的知识，培养解决问题和决策的能力。通过跨学科项目任务，学生将更深入地理解和实践道德与法治，为将来的综合能力和职业发展做好准备。

三、注重社会实践的体验

在深度化设计道德与法治教学活动时，强调社会实践的体验是非常重要的。通过社会实践，学生可以将道德与法治理论知识应用到实际生活中，加深对这些概念的理解，并培养实际解决问题的能力。以下是主要内容：

一是实地考察与调研。安排学生进行实地考察和调研，让他们深入社会实践中去了解道德与法治问题。例如，可以组织学生参观法庭、监狱、社区法律援助机构等，让他们亲身感受法治的实际运作和社会问题的复杂性。这样的实地考察和调研活动将为学生提供深入了解社会实践的机会，让他们直接接触法治实际运作的环境，从而更好地理解社会问题的复杂性和道德与法治的关系。通过亲身体验，学生将更深入地认识到道德与法治问题的现实意义，为将来的社会参与和责任担当奠定基础。

二是社区服务与实践活动。组织学生参与社区服务和实践活动，让他们在实际中体验道德决策和法治实践。例如，可以组织学生参与社区义务劳动、法律知识宣传活动等，让他们在实践中感受道德选择和法治意识的重要性。这样的社区服务和实践活动将为学生提供一个实践体验的机会，让他们在实际中感受到道德决策和法治实践的重要性。通过参与这些活动，学生将更深入地理解和体验道德与法治的现实意义，为将来的社会参与和责任担当做好准备。

三是实际问题解决与反思。设计真实的问题情境，让学生围绕实际问题展开讨论和解决方案的制定。通过实际问题的解决，学生可以深入思考道德选择和法治原则，并对自身的行为进行反思和调整。这样的设计将为学生提供一个思考和实践的机会，让他们在真实的问题情境中思考道德选择和法治原则，并通过解决问题来反思和调整自己的行为。通过这样的学习方式，学生将更深入地理解和应用道德与法治原则，为将来的社会实践和个人成长奠定基础。

四、统整大单元教学的探略

在深度化设计道德与法治教学活动时，统整大单元教学是非常重要的。通过统整大单元教学，可以将教学内容、实践活动和评估方式有机地结合起来，形成完整的教学体系，提高教学效果。以下是从统整大单元教学的探略角度进行的论述：

一是整合跨学科知识。道德与法治教学涉及多个学科领域，包括法律、伦理学、社会学等。通过统整大单元教学，可以整合跨学科知识，让学生在学习中全面理解道德与法治的相关知识，形成系统的认知结构。这样的教学方式将为学生提供一个更全面的学习体验，让他们在学习中综合各学科知识，形成对道德与法治的系统性认知。通过整合跨学科知识，学生将更深入地理解道德与法治的相关概念和原则，为将来的学习和实践打下坚实基础。

二是串联教学环节。通过统整大单元教学，可以将不同教学环节有机地串联起来，形成连贯的教学过程。例如，从案例分析到角色扮演再到实践项目，可以让学生在不同环节中逐步深入理解和实践道德与法治知识。这样的教学方式将为学生提供一个渐进式的学习体验，让他们在不同环节中逐步深入理解和实践道德与法治知识。通过连贯的教学过程，学生将更好地理解道德与法治的相关知识，并在实践中逐步提升自己的能力和素养。

三是评估与反馈。统整大单元教学也包括对学生学习成果的综合评估和反馈。在统整大单元教学中，对学生学习成果的综合评估和反馈也是非常重要的一环。通过统整大单元教学，可以设计多样化的评估方式，全面地评价学生的道德与法治能力，并及时给予反馈，促进学生的持续成长和发展。这样的评估和反馈机制将为学生提供一个全面发展的机会，让他们在不同方面得到评价和指导，促进道德与法治能力的全面提升。通过及时的反馈，学生可以更好地认识自己的不足并加以改进，从而实现持续的成长和发展。

第四节　综合化构建评价体系

一、丰富教学评价主体

在综合化构建道德与法治深度教学评价体系中，丰富教学评价主体是至关重要的。通过丰富的教学评价主体，可以更全面地了解学生的学习情况和能力发展，为教学改进和学生个性化发展提供更多的信息和支持。以下是从丰富教学评价主体角度进行的论述。

一是学生自评。学生自评在评价体系中扮演着重要的角色。通过学生自评，可以让学生更清晰地认识自己的学习情况，促进其自主学习和自我管理能力的培养。此外，学生自评也有助于激发学生的学习动力，增强其对学习过程的主动参与。这种自评机制将为学生提供一个更主动的学习体验，让他们更好地认识自己的学习情况并加以改进。通过自评，学生可以培养自主学习和自我管理的能力，从而更好地适应未来的学习和生活挑战。

二是家长评价。家长作为学生成长过程中的重要参与者，其评价应被纳入教学评价主体之列。家长可以通过参加家长会、家长日等形式参与学生的学习评价，提供家庭环境下的学习支持和指导，促进家校合作，共同关注学生的学习发展。这种家长参与评价的方式将为学生提供更全面的支持和指导，促进学生在家庭和学校之间更好地平衡学习和生活。家长的参与也将促进家校之间的合作，共同关注学生的学习发展，为学生的全面成长提供更多的关爱和支持。

三是社会评价。社会评价是指社会各界对学生学习成果和综合素质的评价。学校可以通过学生社会实践活动、作品展示等形式，让社会评价成为教学评价的重要组成部分，使学生的学习成果得到社会的认可和肯定，激发学生的学习动力和创造力。学校可以通过学生社会实践活动、作品展示等形式，让社会评价成为教学评价的重要组成部分，使学生的学习成果得到社会的认可和肯定，激发学生的学习动力和创造力。这种社会评价机制将为学生提供更广泛的认可和支持，激励他们在学习中不断努力和创新。通过社会评价，学生的学习成果能够得到社会的认可和肯定，这将有助于激发学生的学习动力和创造力，为他们的成长和发展提供更多的动力和支持。

二、创新教学评价方式

在综合化构建道德与法治深度教学评价体系中，创新教学评价方式对于全面了解学生的学习情况和能力发展至关重要。以下是从创新教学评价方式角度进行的论述。

一是项目作业评价。通过引入项目作业评价方式，学生可以通过实际项目实践来展示其对道德与法治知识的理解和应用能力。这种方式能够更好地考察学生的综合能力和创新思维，促进学生在实践中的深度学习。这种评价方式将为学生提供更具挑战性和实践性的学习机会，激发他们的学习兴趣和创造力。通过实际项目实践，学生将有机会展现其对道德与法治知识的理解和应用能力，从而更全面地展现其综合能力和创新思维。这将有助于促进学生在实践中的深度学习，为其未来的发展奠定坚实的基础。。

二是情境模拟评价。通过设计情境模拟评价，学生可以在特定的情境中展现其道德决策能力和法治意识。这种评价方式可以模拟真实情境，评价学生在道德与法治方面的应对能力，从而培养学生的实际操作能力。这种评价方式将为学生提供更贴近实际的学习体验，让他们在真实情境中应对道德与法治问题，培养实际操作能力。通过情境模拟评价，学生将有机会在实践中展现其道德决策能力和法治意识，从而更好地培养这些关键能力。这将有助于学生在未来面对真实情境时能够作出正确的道德决策，具备良好的法治意识。

三是跨学科综合评价。引入跨学科综合评价方式，将道德与法治知识与其他学科知识相结合，可以考察学生的综合运用能力。这种评价方式有助于促进学生跨学科思维的培养，拓展其知识视野。这种评价方式将为学生提供更广阔的学科交叉学习机会，促进他们在实际问题解决中综合运用各学科知识。通过跨学科综合评价，学生有机会将道德与法治知识与其他学科知识相结合，培养综合运用能力，拓展知识视野。这将有助于促进学生的跨学科思维，为其未来的学习和发展打下坚实基础。通过创新教学评价方式，可以更全面地了解学生的学习情况，促进其全面发展和个性化成长。

三、充分利用信息技术

在综合化构建道德与法治深度教学评价体系中，充分利用信息技术可以提高评价的效率和客观性，同时为学生提供更加个性化和全面的评价。以下是从充分利用信息技术角度进行的论述。

一是在线测评工具。利用在线测评工具，可以设计各种形式的测评题目，包括选择题、填空题、简答题等，以及多媒体形式的题目，如视频分析题等。这种工具不仅使教师评价更加便捷，同时也能够为学生提供即时的反馈。这种工具的使用能够提高评价的效率和准确性，同时为学生提供更加个性化的学习体验。通过在线测评工具，教师可以更灵活地设计各种形式的题目，满足不同类型的评价需求，同时学生也可以及时了解自己的学习情况，及时调整学习策略。这将有助于促进教学和学习的互动，提升教学效果。

二是数据分析与挖掘。利用信息技术进行数据分析和挖掘，可以更好地了解学生的学习情况和发展趋势。运用信息技术进行数据分析和挖掘，有助于深入了解学生的学习情况和发展趋势。通过对学生学习数据的分析，可以发现学生的学习特点和问题，为个性化教学和评价提供重要参考。这种数据驱动的教学和评价方法能够更好地满足学生个性化学习需求，提升教学效果。通过信息技术进行数据分析和挖掘，教师可以更准确地了解学生的学习状态，及时发现问题并采取针对性的教学措施，从而提供更加个性化和有效的教学服务。

三是电子化作业批阅。教师可以利用电子化的方式进行作业批阅，包括文字作业、多媒体作业等。这样不仅可以提高批阅效率，还可以通过电子标注和评语形式更清晰地向学生反馈评价意见。采用电子化方式进行作业批阅，包括文字作业和多媒体作业，能够提高批阅效率，这种方式不仅使得批阅过程更加高效，还能够为学生提供更具针对性和清晰的评价反馈。通过电子化批阅，教师可以更方便地标注学生作业中的问题，并提供具体的评语和建议，帮助学生更好地理解自己的不足之处，从而实现更有针对性的学习改进。

　　四是利用信息技术可以实现对学生学习过程的个性化跟踪，包括学习轨迹、学习偏好、知识点掌握情况等。这样的个性化跟踪可以为教师提供更多的数据支持，帮助教师更好地了解学生的学习情况。这样的跟踪系统有助于教师更全面地了解学生的学习情况，从而进行更加精准的评价和指导。个性化跟踪系统能够为教师提供更多维度的学生学习数据，帮助他们更好地了解学生的学习需求和问题所在。通过信息技术实现个性化跟踪，教师可以更准确地把握学生的学习情况，为其提供更有针对性的指导和支持，从而提高教学效果。

第四章　指向深度思维的小学道德与法治教学设计例谈

第一节　挖掘典型案例，培养审思能力

新媒体背景下，学生接触信息的方式更加便捷，收获信息的数量更加庞杂，这也使学生易受到社会时事新闻的影响。将社会生活中的典型案例引入课堂，引导学生进行反思，可以帮助学生发现问题，培养审思能力。

第一，挖掘典型案例可以通过引导学生分析真实生活中的事件或问题，让他们从中发现道德与法治方面的问题，并进行讨论和思考。这可以帮助他们理解道德与法治原则，并培养他们的分析和判断能力。一是教师需要选择符合学生年龄和理解能力的典型案例，这些案例可以是真实生活中发生的事件或问题，涉及道德与法治方面的内容。例如，可以选择关于诚实、友善、公平、法律意识等方面的案例。二是教师可以通过引导学生分析案例中涉及的道德与法治问题，让他们从中发现相关的问题，并进行讨论和思考。这有助于学生理解道德与法治原则，并培养他们的分析和判断能力。三是教师可以向学生提出一些开放性的问题，例如"这个案例中有哪些道德问题""这个案例中是否涉及到法律规定"

等等，以引导学生深入思考案例中的问题。四是在引导学生分析案例后，教师可以组织学生进行讨论，让他们表达自己的观点和看法。同时，教师可以引导学生从不同角度思考问题，分析问题的根源和可能的解决方案。通过以上框架的详细论述，教师可以有效地利用典型案例来培养小学生的审思能力，帮助他们理解道德与法治原则，促进他们深度思维能力的发展。

第二，培养审思能力可以通过引导学生进行深入的思考和讨论来实现。一是教师可以提出一些开放性的问题，例如"你认为什么是正确的行为""你觉得这个问题有哪些不同的解决方案"等等。这些问题可以激发学生的思考，鼓励他们进行自由思考和表达。二是教师可以引导学生从不同的角度思考问题，例如道德、法律、社会影响等，让他们意识到问题可能有多个角度和解释，从而培养学生的多元思维能力。三是教师可以引导学生分析问题的根源，探讨问题产生的原因和可能的解决方案。通过这种方式，学生可以逐渐培养出分析问题、解决问题的能力。四是教师可以组织学生进行讨论，让他们分享自己的观点和看法，同时也可以引导他们对他人的观点进行思考和评价，从而促进他们审思能力的培养。通过以上框架的详细论述，教师可以在小学道德与法治教学中有效地培养学生的审思能力，帮助他们从深入思考和讨论中理解道德与法治原则，提高他们的分析和判断能力。鼓励学生进行自由思考和表达，同时引导他们从不同角度思考问题，分析问题的根源和可能的解决方案。此外，教师还可以组织一些角色扮演或辩论活动，让学生在模拟的情境中进行思考和表达，从而培养他们的审思能力和表达能力。

总的来说，当设计小学道德与法治教学时，引导学生挖掘典型案例并培养他们的审思能力是至关重要的。教师可以选择与学生生活经验相关的典型案例，例如关于友情、诚实、公平、法律意识等案例。这些案例应当能够引起学生的兴趣，让他们在实际生活中找到共鸣。同时，教师可以引导学生分析案例中的道德与法治问题，让他们从中发现相关的问题，并进行讨论和思考。这有助于学生理解道德与法治原则，并培养他们的分析和判断能力。此外，通过提出开放性问题、引导不同角度思考、分析问题的根源和可能的解决方案以及进行讨论和思考等方式，教师可以培养学生的审思能力。这有助于提高学生的深度思维能力，让他们能够从多个角度思考问题，培养批判性思维和判断能力。因此通过引导学生挖掘典型案例，并通过各种方式培养他们的审思能力，可以有效提高小学生的道德与法治素养，促进他们的深度思维能力的发展。这种教学设计有助于培养学生的道德情操，提高他们的法治意识，同时也促进他们的认知和智力发展。

一、教学设计案例1

（一）案例内容

教材：广告都可信吗？（统编版道德与法治四年级上册第三单元）

课前活动：请学生上台模仿广告播报

课前活动小结：这几个同学的播报真有意思，谢谢你们。上课时间到了，现在我们开始上课了。

师导入：刚刚这几个同学为我们模拟播报了几则广告。同学们，广告在生活中无处不在。为了达到让人购买的目的，很多广告都会把商品夸得十全十美，好像你不买就吃亏了。那么广告都可信吗？这节课我们就一起来探讨一下这个问题。（板书课题）

（二）案例分析

1.案例主题

广告是现代社会生活的重要组成部分，几乎占据了人们生活的任何时空。电视、电脑、手机等电子设备，报纸、杂志、书籍等纸质载体，车站、商场、社区、学校等各种场合，都可以看到广告的身影，以至于人们可以随口而出一句"广告语"。但是，虚假广告也充斥着人们的生活，更对学生构成潜在威胁。因此，从学生身边的广告入手，挖掘教学素材，可以最大程度地调动学生兴趣；也有助于学生反思这些司空见惯的广告是否真实、真实程度如何。本教学设计案例中使用的教材是道德与法治四年级上册第三单元的内容，主题为"广告都可信吗？"首先，这个主题非常贴近学生的日常生活，能够引发学生的兴趣和思考。教学主题的选择上应当贴近学生的生活经验和日常生活，能够引起他们的兴趣和共鸣。其次，选择贴近学生生活的教学主题能够更容易引发学生的思考和讨论。学生对身边事物更感兴趣，对于这样的主题更容易产生共鸣，从而更愿意参与课堂讨论和思考。再次，通过选择贴近学生的教学主题，可以更好地培养学生的道德意识和法治观念。学生在探讨和思考与自身相关的话题时，更容易理解其中的道德与法治原则，从而更深刻地领会其中的道德与法治意义。最后，选择贴近学生的教学主题可以提高学生的学习积极性和参与度。学生对自己感兴趣的话题更愿意投入学习，更愿意参与课堂活动，这有助于提高教学效果。因此，选择贴近学生生活的教学主题对于小学道德与法治教学至关重要，能够激发学生的学习兴趣，促进他们的参与和思考，从而更好地达到教学目标。

2.课前活动

在课前活动中，教师设计了一个模仿广告播报的活动，让学生上台模仿广告播报。这个活动引入了课堂主题，通过学生的参与和表演，激发了学生的兴趣，同时也为后续的课堂讨论做了铺垫。通过课前活动激发学生的兴趣，同时为后续的课堂讨论做铺垫可以有效地促进学生的学习效果。首先，课前活动可以以生动有趣的方式引入教学主题。这种方式能够吸引学生的注意力，激发他们的兴趣，让他们在轻松愉快的氛围中对主题产生兴趣。其次，通过课前活动，学生可以在实际操作中对教学主题有所了解，从而更好地理解后续的课堂内容。学生可以更直观地感受到道德与法治问题的现实意义，从而更深入地参与到后续的课堂讨论中。课前活动还可以为后续的课堂讨论做铺垫，让学生在活动中产生一些问题或疑惑，为教师引导的课堂讨论提供契机。这样的引导能够让学生更主动地参与到讨论中，提高他们的思考深度和参与度。因此，通过选择贴近学生生活的教学主题，并通过课前活动激发学生的兴趣，为后续的课堂讨论做铺垫，能够更好地促进学生对道德与法治教育内容的理解和思考，提高教学效果。

3.课前活动小结

师小结阶段，教师肯定了学生们模仿广告播报的表现，让学生感受到鼓励和认可，为他们的参与树立了榜样。在小学道德与法治教学设计中，师小结阶段是非常重要的环节。在这个阶段，教师肯定了学生模仿广告播报的表现，这对学生的学习和成长有着积极的影响。首先，教师肯定学生的表现能够增强学生的自信心。当学生感到自己的努力和表现得到了教师的认可和肯定时，他们会对自己的能力和价值产生更强的信心，从而更愿意积极参与到学习和讨论中去。其次，教师的肯定能够激发学生的学习动力。学生在得到鼓励和认可后，会更有动力去学习和探索新知识，因为他们知道自己的努力是值得的，教师对他们的期待也会更高。最后，教师的肯定也能够促进学生之间的积极互动。当一个学生得到了肯定，其他学生也会受到鼓舞，形成良好的学习氛围和团队合作精神。总的来说，在师小结阶段，教师肯定学生的表现是非常重要的，这种肯定可以激发学生的自信心和学习动力，促进良好的学习氛围和团队合作精神。这对于小学道德与法治教学来说，是非常有益的。

4.导入阶段

在师导入阶段，教师通过引出问题和提出课题的方式引导学生思考广告的可信度，并提出了课堂讨论的话题，这种教学设计能够有效地激发学生的思考和引导他们参与课堂讨论。首先，通过引出问题，教师可以激发学生的好奇心和思考欲望。问题往往能够引起学生的兴趣，让他们开始思考问题的答案，从而培养他们的批判性思维和分析问题的能力。其次，提出课堂讨论的话题能够引导学生进入课程内容，让他们明确学习的重点和目标。这种引导方式有助于让学生更好地理解课程内容，并为后续的学习活动做好准备。通过引导学生思考广告的可信度，教师也在引导学生进行道德与法治方面的思考。这有助于培养学生的判断能力和道德意识，让他们在日常生活中更加理性地看待广告和商品。总的来说，师导入阶段的引导方式能够激发学生的思考和参与欲望，引导他们进入课程内容，并培养他们的批判性思维和道德意识。这对于小学道德与法治教学来说，是非常有益的。

综合来看，这个教学设计案例充分利用了学生的参与性和好奇心，通过生动的课前活动和引人入胜的导入方式，为学生带来了积极的学习体验，并为后续的课堂讨论打下了良好的基础。通过引出问题和提出课题的方式，教师成功地引导学生思考广告的可信度，并提出了课堂讨论的话题。这种设计能够激发学生的思考和参与欲望，培养他们的批判性思维和道德意识，为道德与法治教学注入活力和实践性。综合来看，这样的教学设计有助于激发学生的学习兴趣，促进他们的思考能力和合作精神，为道德与法治教学提供有力的支持。

二、教学设计案例2

(一) 案例内容

教材：法律作用大（统编版道德与法治六年级上册第一单元）

师导入1：（播放"动车禁止吸烟"广播）：同学们坐过动车吧？你们有没有注意到，动车开启后会播放一则广播？请大家听听。

师导入2：你们从这则广播中听到了什么？为什么在动车上禁止吸烟呢？

预设：

生1：吸烟不健康，会污染空气。

生2：在动车上吸烟不安全，会引起火灾。

师：刚刚都是你们的猜测，是不是这样呢？我们一起听听法博士的专业解答。

（录音：动车为什么禁止吸烟？）

师：一根小小的烟头，就有可能引发一场大灾难，真是太可怕了。所以《治安管理处罚法》第二十三条第一款第三项明文规定：（生读）

有下列行为之一的，处警告或者二百元以下罚款；情节较重的，处五日以上十日以下拘留，可以并处五百元以下罚款：

（三）扰乱公共汽车、电车、火车、船舶、航空器或者其他公共交通工具上的秩序的。

（二）案例分析

挖掘典型社会生活的教学设计需要寻找与学生生活贴近的时事素材，这些素材应具有一定的时效性和吸引力，能够引起学生的兴趣和注意。通过挖掘案例中隐藏的甚至习以为常的问题，可以培养学生反思生活的思维习惯，让他们从日常生活中的点滴细节中发现社会问题，并思考如何解决这些问题。这样的教学设计有助于激发学生的学习兴趣，让他们在实际生活中找到教育的影子，从而更好地理解道德与法治的重要性。同时，通过与学生生活相关的案例教学，可以增强学生的实践能力和问题解决能力，培养他们的社会责任感和创新精神。这种教学方法也有助于打破传统的教学模式，让学生在教学中感受到社会的多样性和复杂性，从而更好地适应未来的社会生活。

课程开始，师播放"动车禁止吸烟"广播，引导学生关注动车上的广播内容。并与学生讨论动车禁止吸烟的原因，学生提出了吸烟不健康、污染空气以及在动车上吸烟不安全会引发火灾等观点。这样的教学设计有助于引发学生对于法治和道德的思考，让他们意识到吸烟行为可能对自己和他人造成的危害。同时，通过讨论和引导，学生也可以学习到如何从多个角度思考和分析问题，培养了他们的综合素养和社会责任感。

课程继续，师播放法博士的专业解答录音，详细解释了动车禁止吸烟的原因和法律依据。法博士的录音能够提供专业的解释和解答，使学生能够从专业角度理解动车禁止吸烟的合理性和必要性，增强了教学的权威性和说服力。通过专业解答，学生能够更深入地理解动车禁止吸烟的原因，包括吸烟可能引发的安全隐患和法律法规的约束，有助于学生形成正确的法治观念和道德观念。通过法律依据的详细解释，学生能够了解相关的法律条文和规定，培养学生的法律意识，让他们从小就懂得遵守法律、尊重法律。这样的教学步骤可以培养学生的综合素养，让他们学会从多个角度思考问题，不仅了解问题本身，还能够理解问题背后的法律和道德意义。

接下来，课件出示相关法律条文，包括《治安管理处罚法》第二十三条第一款第三项的规定，强调了在动车内吸烟的违法性，并介绍了相应的罚款金额。通过展示法律条文，学生可以直观地了解法律对于动车内吸烟行为的明文规定，加强了学生的法律意识和法治观念，让他们从小就懂得尊重和遵守法律。法律条文的展示可以让学生更加深入地理解动车禁止吸烟的依据和法律约束，加强了教学内容的权威性和说服力，有助于学生形成正确的价值观念和行为准则。学生在了解法律条文的同时，也能够理解法律对社会秩序和公共安全的重要性，培养了学生的综合素养和社会责任感，让他们能够从多个角度思考问题。通过介绍相应的罚款金额，学生可以直观地了解吸烟行为可能带来的法律后果，增强了教学的实践性和可操作性，有助于学生树立正确的行为规范。

虽然法律没有广告那样拥有绚丽多彩的"外表"，但它确实像空气一样围绕在我们身边，为我们的安全等权益保驾护航。因为乘坐动车是现代人常见的出行方式，学生也对此比较熟悉，但乘坐不同的公共交通工具有不同的法律法规，这就要求道德与法治课程应帮助学生了解其目的和初衷，对其进行深度思考。在教学设计中，可以通过引导学生思考乘坐动车的行为规范和法律依据，让他们意识到法律对于公共交通安全的重要性，培养他们的法治观念和社会责任感。通过案例分析和讨论，学生可以更深入地了解法律对于公共交通安全的保障作用，明白法律的存在对于社会秩序和个人权益的保护意义重大。这样的教学设计有助于学生从日常生活的实际案例中学习法律知识，增强他们的实践能力和问题解决能力，培养他们的法治意识和法律素养。同时，通过与学生生活相关的案例教学，可以激发学生对法律的兴趣，让他们在实际生活中体会法治的力量，从而更好地适应未来的社会生活。

第二节　聚焦问题情境，深化辩证思维能力

当设计小学道德与法治教学时，聚焦于问题情境可以帮助学生深化辩证思维能力。通过引导学生思考和讨论真实的社会问题，可以从多个角度审视问题，并培养辩证思维能力。

首先，当设计小学道德与法治教学时，问题情境可以激发学生的好奇心和求知欲。通过引导学生思考和讨论真实的社会问题，他们可以从多个角度审视问题，并培养辩证思维能力。问题情境能够使学生产生好奇心。当学生面对真实的社会问题时，他们可能会产生困惑和疑问，想要了解问题的根源和解决方法。这种好奇心能够激发学生主动探索和学习的欲望，促使他们积极参与课堂讨论和研究。问题情境还可以促使学生主动获取知识。面对社会问题，学生可能会主动去寻找相关的信息和知识，以便更好地理解问题的本质和背后的原因。这种主动获取知识的行为有助于培养学生的自主学习能力和信息素养。同时，问题情境也能够激发学生的探索欲。学生可能会通过提出问题、进行调查研究、与同学讨论等方式来深入探索问题，从而增加对问题的理解和认识。这种探索欲有助于培养学生的批判性思维和解决问题的能力。总之，问题情境可以激发学生的好奇心和求知欲，促使他们更加主动地参与学习，培养他们的自主学习能力和批判性思维。因此，在小学道德与法治教学设计中，通过问题情境引导学生思考和讨论社会问题，有助于激发他们的学习兴趣，提高他们的学习动机，从而更好地促进他们道德与法治素养的提升。

其次，问题情境可以在小学道德与法治教学中培养学生的多元思维。通过引导学生思考和讨论真实的社会问题，他们可以从不同的角度审视问题，从而培养多元思维。问题情境能够促使学生从多个角度思考问题。面对具体的社会问题，学生可能会从不同的视角出发，比如社会、历史、伦理、个人等，来分析问题的原因和解决方法。这有助于培养学生的多元思维，使他们能够更全面地理解和思考问题。问题情境还可以引导学生进行利弊对比和权衡取舍。在探讨社会问题时，学生可能会意识到问题往往并非非黑即白，而是存在各种复杂的利弊关系。通过权衡取舍，学生可以培养在多种选择之间进行思考和决策的能力，从而形成更加成熟的多元思维。同时，问题情境也能够激发学生的创新意识和解决问题的能力。面对社会问题，学生可能会提出各种不同的解决方案，并进行探讨和实践。这有助于培养学生的创造性思维和解决问题的能力，使他们能够更好地适应未来的社会生活。总之，问题情境可以促使学生从多个角度思考问题，进行利弊权衡，培养创新意识和解决问题的能力，从而培养学生的多元思维。因此，在小学道德与法治教学设计中，通过问题情境引导学生思考和讨论社会问题，有助于培养他们的多元思维，提高他们的综合素养和社会责任感。

再次，问题情境在小学道德与法治教学中可以促进学生的合作与交流。通过引导学生思考和讨论真实的社会问题，他们可以在解决问题的过程中展开合作，并通过交流分享彼此的观点和想法。问题情境可以促使学生展开小组合作。面对复杂的社会问题，学生可以分成小组，共同探讨问题的各个方面，并在合作中相互协助、交流意见。这种小组合作有助于培养学生的团队合作精神和协作能力，使他们学会在团队中有效地交流和合作。问题情境还可以促进学生之间的交流与分享。在讨论社会问题的过程中，学生可以积极表达自己的观点，并倾听他人的意见，从而形成良好的交流氛围。通过交流与分享，学生可以从他人的观点中学习到更多的思考方式，拓展自己的视野。同时，问题情境也能够促进学生与教师之间的交流与互动。教师可以引导学生进行讨论，提出问题，鼓励学生表达自己的观点，从而促进师生之间更加积极的互动。这有助于建立良好的师生关系，增进学生对教学内容的理解和接受。因此，问题情境可以促进学生的合作与交流，培养他们的团队合作精神、交流能力和表达能力。因此，在小学道德与法治教学设计中，通过问题情境引导学生思考和讨论社会问题，有助于培养他们的合作与交流能力，提高他们的综合素养和社会责任感。

最后，问题情境在小学道德与法治教学中可以激发学生的实践与创新。通过引导学生思考和讨论真实的社会问题，他们可以在解决问题的过程中进行实践，并通过创新寻找解决方案。问题情境可以激发学生的实践能力。当学生面对具体的社会问题时，他们可能会希望通过实际行动来解决问题，如组织相关活动、参与志愿服务等。这种实践能力的培养有助于将学生的学习与实际生活联系起来，使他们更加深入地理解和应用所学的道德与法治知识。问题情境还可以促使学生进行创新思考。面对社会问题，学生可能会尝试提出新颖的解决方案，或者通过创新的方式来解决问题。这有助于培养学生的创造性思维和解决问题的能力，使他们能够更好地适应未来的社会生活。问题情境也能够激发学生的实践与创新意识。学生可能会在实践中不断尝试和创新，通过实际行动来验证自己的想法，并不断完善和改进解决方案。这种实践与创新意识的培养有助于使学生具备积极进取的品质和实际解决问题的能力。总之，问题情境可以激发学生的实践与创新，培养他们的实践能力、创新思维和解决问题的能力。因此，在小学道德与法治教学设计中，通过问题情境引导学生思考和讨论社会问题，有助于培养他们的实践与创新意识，提高他们的综合素养和社会责任感。

因此，问题情境在小学道德与法治教学中有助于深化学生的辩证思维能力。通过引导学生思考和讨论真实的社会问题，他们可以从多个角度审视问题，培养辩证思维能力。问题情境可以促使学生从多个角度思考问题。面对具体的社会问题，学生可能会从不同的视角出发，如社会、历史、伦理、个人等，来分析问题的原因和解决方法。这种多角度思考有助于培养学生的辩证思维，使他们能够更全面地理解和思考问题。问题情境还可以引导学生进行利弊对比和权衡取舍。在探讨社会问题时，学生可能会意识到问题往往并非非黑即白，而是存在各种复杂的利弊关系。通过权衡取舍，学生可以培养在多种选择之间进行思考和决策的能力，从而形成更加成熟的辩证思维。同时，问题情境也能够激发学生的矛盾思维。学生可能会在讨论中发现问题的多重矛盾，并尝试寻找解决矛盾的方法。这有助于培养学生的矛盾思维能力，使他们能够更好地处理复杂的问题和情境。因此，问题情境可以促使学生从多个角度思考问题，进行利弊权衡，处理多重矛盾，从而有助于深化学生的辩证思维能力。在小学道德与法治教学设计中，通过问题情境引导学生思考和讨论社会问题，有助于培养他们的辩证思维，提高他们的综合素养和社会责任感。

一、教学设计案例1

（一）案例内容

教材：从"白色污染"说起（统编版道德与法治四年级上册第四单元）。

1.梳理数据，了解塑料制品的好处

师：塑料的产生至今不过100多年的时间，但它的运用和普及却飞快。这与它的性能是密不可分的。课前教师布置大家选择一件塑料制品，用合适的方法发现塑料的性能。（出示预习单）

类别(打勾选择)	探究的物品	采用的方法	发现的性能
①卫生			
②饮食			
③文具			
④玩具			
⑤……			

师：拿出你的预习单，谁来汇报？（根据全班同学的预习单，分类统计出数据）。看看，（出示饼图）你们发现了什么？塑料制品还有哪些性能？

师小结：大家的收获真多，发现了塑料这么多性能，（板书：性能多）其实，这仅仅只是塑料性能的冰山一角，还有很多性能等着你们去发现。

2.故事引入，认识"白色污染"

师：塑料制品给我们的生活带来很多便利，让我们的生活变得丰富多彩。如果我们不合理使用，又会带来什么后果呢？

师：生活中，那些被丢弃的塑料垃圾也给我们带来很多困扰，（出示图片）如我们常使用的塑料袋、一次性饭盒、塑料水杯等，它们被丢弃后很难降解处理，给城市环境造成严重的污染，被称为"白色污染"。（板书："白色污染"）这节课我们就从"白色污染"说起，看看塑料会给人们带来哪些困扰。先来看一个小故事《塑料袋漂流记》。

师：故事中，塑料带来了哪些困扰呢？（①塑料垃圾到处乱飘，不仅影响市容，而且不利于植物的生长；②很多塑料垃圾堆积在河道里，破坏了水质，还会影响船只出行；③乱飞的垃圾袋如果挡住司机的视线很危险；④埋进土地会侵占土地资源，影响农作物生长，导致农作物营养不良。）

师：近年来，动物被塑料垃圾伤害的新闻屡见不鲜，在水中，塑料袋常常被海龟和海豚等误认为是水母而误食，导致大量海洋动物死亡。（出示图片）

师：在生活中，塑料还会给人们带来哪些困扰呢？（①塑料燃烧时产生的有毒气体危害人们的健康；②再生的塑料制品，在温度达到65℃时，毒害物质就会析出并且渗入到食物中，会对肝脏、肾脏等人体重要器官造成危害。）

师根据学生回答，相机出示思维导图："塑料垃圾"影响环境、破坏土壤、污染水源、危害健康，伤害动物……

师小结：看起来只是一个小小的塑料袋，但被随意丢弃后，给人们造成的危害却是巨大的。

本环节通过课前探究塑料的性能，分类梳理数据，让学生体会塑料用途广；观看漫画视频，让学生直观感受塑料垃圾可能给人类带来哪些后果。借助认识上的反转和对比，强化学生思考：塑料的应用有多广，危害就有多大。

3.提出问题，对比思辨

师：既然塑料制品的危害这么大，有人说，我们干脆停止生产不就好了吗？大家想象一下，如果我们的生活没有塑料制品，会变成什么样呢？请你选择其中一个情景，和同桌说一说。

预设：（①如果医院里没有塑料制品，我们只能用玻璃瓶装药水，玻璃瓶易碎，也不好运输；②我们学校里从课桌椅到教学设备，从学习用品到劳动工具，都有塑料的影子，这些塑料用品卫生、方便，是校园生活中不可缺少的，如果没有塑料制品，将给我们的学习带来不便；③如果家里没有塑料制品，生活将会变得很不方便。）

教师针对塑料制品的作用和危害逐次展开分析，一环接一环，犹如苏格拉底的"产婆术"，让学生在一次次质疑和反问中思考塑料制品的好坏。这种辩证的教学过程有助于学生跳出习惯思维，不再简单地以是非、黑白、对错等二元对立的思维分析问题，而是循序渐进、辩证审视。如此，不仅将保护环境的责任感和使命感传递给了学生，学生的思维能力也得到了提升。

（二）案例分析

本案例分为三个阶段，以下逐个分析：

1.梳理数据，了解塑料制品的好处

本阶段通过梳理数据和实际的探究活动，学生可以更直观地了解塑料制品的好处和性能，从而增强他们的学习体验和对知识的理解。

首先，教师通过提出问题和引导学生进行实际观察和探究，采用启发式的教学方法，激发学生的好奇心和探究欲望，培养他们的自主学习能力。启发式教学方法是一种以问题、情境或案例为出发点，通过激发学生的好奇心和探究欲望，引导学生主动探索、发现和建构知识的教学方式。在小学道德与法治教学设计中，教师采用启发式教学方法可以激发学生的学习兴趣，培养他们的自主学习能力，提高他们的思维品质和创新能力。启发式教学方法通过引入问题或情境，能够激发学生的好奇心。教师可以提出具有挑战性和启发性的问题，或者引入生动的情境和案例，让学生产生强烈的求知欲望，主动去探索和解决问题，从而激发学生的学习兴趣。启发式教学方法也可以引导学生主动探索和发现知识。通过提出开放性的问题或情境，学生被激发出主动探索的欲望，他们会积极地进行思考、实验和讨论，从而主动地获取知识，培养了他们的自主学习和问题解决能力。同时，启发式教学方法培养了学生的批判性思维和创新能力。在启发式教学过程中，学生需要通过思考、比较、分析等活动来解决问题，这种过程促进了学生的批判性思维的培养，同时也激发了他们的创新潜能，促进了他们的创造性思维能力的发展。启发式教学方法增强了学生的学习体验和情感投入。学生在启发式教学中通过自主探索和发现知识，会产生成就感和满足感，增强了他们对学习的积极性和主动性，提高了学习的效果和深度。因此，教师采用启发式教学方法可以激发学生的好奇心和探究欲望，培养他们的自主学习能力和创新能力，提高他们的学习兴趣和学习效果。在小学道德与法治教学设计中，启发式教学方法有助于促进学生的全面发展和素养提升。

其次，通过对学生预习单的分类统计和数据展示，可以帮助学生进行数据分析，培养他们的数据处理和统计能力，增强他们对塑料性能的认识。教师通过对学生预习单的分类统计，可以让学生了解如何对数据进行整理和分类，培养他们的数据梳理和统计能力。学生需要将各自发现的塑料性能进行整理并填写在预习单上，而后教师可以对这些数据进行统计分析，如制作饼图或柱状图，展示不同塑料性能的分布情况。这样的过程有助于培养学生的数据整理和统计能力。同时，通过对数据进行图表展示，学生可以学会如何理解和分析图表数据，从中获取信息，并对数据进行解读和分析。这有助于培养学生的数据分析能力，让他们能够从图表中获取有关塑料性能的信息，进一步加深对塑料性能的认识。通过数据的展示和分析，学生可以更直观地了解不同塑料性能的分布情况，从而增强他们对塑料性能的认识。他们可以通过数据分析得出结论，比如哪种塑料性能更常见，哪些塑料性能可能更有实际应用意义等，从而加深对塑料性能的理解。

再次，在对学生预习单的分类统计和数据展示过程中，学生需要进行合作，进行数据的整理和统计工作，这有助于培养学生的合作与沟通能力，让他们学会如何协作完成数据整理和统计的任务。学生在对预习单进行分类统计和数据整理的过程中，可能需要相互协作，共同完成数据的整理和统计工作。这种合作过程有助于培养学生的团队合作意识和能力，让他们学会在合作中相互支持、协调和分工，从而培养他们的合作能力。而且在合作的过程中，学生需要进行有效的沟通，比如交流数据整理的方法、商讨统计的标准等。这有助于培养学生的沟通能力，让他们学会如何清晰地表达自己的想法，倾听他人的意见，并进行有效的沟通和协商。此外在合作完成数据整理和统计的任务中，学生需要根据各自的能力和特长进行分工，这有助于培养学生的分工协作意识和责任意识，让他们学会如何承担自己的任务，并在合作中发挥自己的作用。

最后，通过合作完成数据整理和统计的任务，学生能够感受到团队的力量，体会到团队协作的重要性。当学生在团队中合作完成数据整理和统计的任务时，他们会意识到团队的力量是巨大的。每个人的努力和贡献都汇聚成团队的力量，使得整个任务能够得以顺利完成。学生会从实际的合作中感受到，团队的力量是无比强大的，可以克服各种困难和挑战。在合作完成任务的过程中，学生学会相互依靠和支持。他们会意识到团队中每个成员的贡献都是重要的，需要相互支持和帮助。这种相互依靠和支持的经验让学生明白，团队合作需要每个成员的努力，而且团队中的每个人都是不可或缺的。同时通过团队合作完成数据整理和统计的任务，学生会意识到集体智慧的重要性。在团队中，每个成员都能够贡献自己的想法和见解，通过交流和讨论，可以得出更全面和准确的结论。学生会意识到，团队合作可以汇聚众人的智慧，从而取得更好的成果。因此，通过合作完成任务的过程，会逐渐培养起学生团队合作意识。他们会明白，在团队中，每个人都有自己的角色和责任，需要相互协作才能取得成功。这种团队合作意识将对他们未来的学习和工作产生积极的影响。因此，通过合作完成数据整理和统计的任务，学生能够感受到团队的力量，体会到团队协作的重要性。这样的经历不仅有助于培养学生的团队合作意识和能力，也能够为他们未来的学习和生活打下坚实的基础。这有助于培养学生的团队意识，让他们学会如何在团队中相互配合、共同努力，从而增强他们的团队合作意识。总之，在对学生预习单的分类统计和数据展示过程中，学生需要进行合作，进行数据的整理和统计工作，这有助于培养学生的合作与沟通能力，让他们学会如何协作完成数据整理和统计的任务。这样的教学设计有助于提高学生的综合素养和实际应用能力，为他们未来的学习和生活打下坚实的基础。

综上所述，在课堂上，教师引导学生思考和总结所发现的塑料性能，鼓励他们积极参与讨论和分享，可以有效培养学生的思考能力和表达能力。教师通过引导学生思考所发现的塑料性能，可以激发学生的思考能力。学生需要思考不同塑料的特性和用途，从中获取信息并进行分析和总结。这种思考过程有助于培养学生的逻辑思维能力和分析能力，让他们学会如何从多个角度思考和分析问题。在课堂上，教师还可以鼓励学生积极参与讨论和分享自己的观点和发现。通过参与讨论，学生可以学会如何表达自己的想法，并从他人的观点中获取启发。这有助于培养学生的表达能力和交流能力，让他们学会如何清晰地表达自己的观点和想法。在讨论和分享的过程中，学生可能会产生不同的观点和看法。教师可以引导学生进行批判性思考，比较不同观点的优缺点，并进行合理的分析和判断。这有助于培养学生的批判性思维能力，让他们学会如何客观地看待问题，并进行理性的思考和判断。同时通过鼓励学生积极参与讨论和分享，教师可以提高学生的自信心。学生在表达自己观点的过程中，会逐渐建立自信，学会如何坚定地表达自己的看法，这对于他们今后的学习和生活都是非常有益的。因此，教师在课堂上引导学生思考和总结所发现的塑料性能，鼓励他们积极参与讨论和分享，有助于培养学生的思考能力和表达能力。这样的教学设计不仅有助于学生学会如何思考和表达，也能够提高他们的自信心和批判性思维能力，为他们未来的学习和发展打下坚实的基础。

2. 故事引入，认识"白色污染"

首先，本阶段通过引入故事和图片，教师成功地营造了一个生动的情境，让学生能够直观地感受到塑料污染带来的困扰和危害，增强了学生的学习兴趣和参与度。通过引入故事和图片，教师可以向学生描述塑料污染所带来的实际问题和影响。例如，可以讲述关于动物误食塑料垃圾导致死亡的真实故事，或者展示受塑料污染影响的环境图片。这样的情境营造可以让学生更直观地感受到塑料污染的困扰和危害，引起他们的情感共鸣。生动的情境也能够吸引学生的注意力，增强他们的学习兴趣。学生在听故事或观看图片的过程中，会对所描述的情境产生共鸣和情感反应，从而更加投入到课堂学习中。这有助于提升学生的学习兴趣和参与度，让他们更愿意深入了解和讨论相关的内容。生动的情境可以激发学生的情感体验和思考。学生通过故事和图片，能够更加深刻地理解塑料污染的危害，产生对环境保护的认识和责任感，进而激发他们对环境保护问题的思考和关注。同时通过生动的情境营造，学生可以更直观地感受到环境问题的严重性，从而培养起环境保护的价值观和责任感。学生会意识到自己作为公民应该承担起保护环境的责任，这对于他们的成长和价值观的形成具有重要意义。因此，通过引入故事和图片，教师成功地营造了一个生动的情境，让学生能够直观地感受到塑料污染带来的困扰和危害，增强了学生的学习兴趣和参与度。这样的教学设计不仅有助于学生对环境问题产生认识和思考，也能够培养他们的价值观和责任感，为他们未来的成长和发展打下坚实的基础。

其次，多方位思考和回答是指在教学设计中，教师引导学生从不同的角度和维度思考问题，通过多方位思考和回答，学生可以培养综合素养，包括批判性思维、创新思维、解决问题的能力等。他们不仅能够从多个角度思考问题，还能够学会如何给出全面、合理的回答，这对于他们的综合素养提升具有重要意义。多方位思考和回答能够培养学生的批判性思维。他们需要从不同的角度思考问题，分析问题的各种可能性，并给出有理有据的回答。这有助于培养学生的辨析能力和批判性思维，让他们学会如何客观地看待问题并进行理性的思考。同时，通过多方位思考和回答，学生可以提高问题解决能力。他们需要从多个角度思考问题，并给出不同的解决方案，这有助于培养学生的解决问题的能力，让他们学会如何灵活运用所学知识解决实际问题。

再次，教师可以通过讲故事、游戏、角色扮演等方式，创设生动有趣的教学情境，吸引学生的注意力，激发他们对道德与法治学习的兴趣。例如，可以通过小故事或者案例来引导学生思考，让他们在情境中感受到道德与法治的重要性。在教学设计中融入互动性教学元素，比如小组讨论、角色扮演、案例分析等，可以增强学生的参与度。通过小组合作、互动讨论，学生可以更加积极地参与到教学活动中，从而增强学习的效果。同时，在教学设计中，可以引导学生进行自主探究，让他们通过实际案例分析、问题解决等方式，深入了解道德与法治知识，从而激发他们的学习兴趣。教师可以提供一定的自主学习空间和资源，让学生在探究中体会到学习的乐趣。此外，在教学设计中，可以赋予学生一定的实践机会，让他们通过参与社会实践活动或者模拟法庭等方式，亲身体验道德与法治的实际应用，从而增强他们的学习兴趣和参与度。通过以上几点论述，可以帮助教师更好地设计小学道德与法治教学，增强学生的学习兴趣和参与度，提高教学效果。多方位思考和回答可以增强学生的学习兴趣和参与度。通过鼓励学生从不同角度思考问题并给出回答，可以激发他们的好奇心和求知欲，让他们更加积极地参与到课堂讨论和学习中。

最后，在小学道德与法治教学设计中，多方位思考和回答对于培养学生的沟通表达能力具有重要意义。在教学设计中，教师可以引导学生从不同的角度思考问题，鼓励他们接纳多元的观点和看法。通过引导学生多方位思考，可以培养他们的开放性思维，增强他们的思维深度和广度，从而促进沟通表达能力的提升。同时教师在课堂上可以鼓励学生给出出多样化的回答，而不仅仅是单一的答案。通过鼓励学生多样回答，可以培养他们的创造性思维和表达能力，激发他们对道德与法治问题的思考和讨论，从而提高他们的沟通表达能力。此外，在教学设计中，可以设置小组讨论或者合作探究的环节，让学生在团队中交流思想、协商意见，从而培养他们的合作沟通能力和团队协作能力。通过合作讨论，学生可以学会倾听他人观点、表达自己看法，提高沟通表达能力。在教学设计中，可以设置角色扮演、辩论赛等实践活动，让学生通过实际演练来提高沟通表达能力。同时，及时给予学生反馈和指导，帮助他们改进表达方式，提高沟通效果。通过上述多方位思考和回答的教学设计，可以有效培养学生的沟通表达能力，提升他们的思维能力和合作能力，为其未来的学习和生活打下良好的基础。需要清晰地表达自己的观点和想法，并能够理解他人的观点，这有助于提高学生的口头表达能力和倾听能力。因此，多方位思考和回答在教学设计中具有重要的意义。通过引导学生从多个角度思考问题并给出全面的回答，不仅有助于培养他们的综合素养和批判性思维，还能够提高他们的问题解决能力，增强他们学习兴趣和参与度，培养沟通表达能力，为他们的综合发展奠定良好的基础。

总之，在小学道德与法治教学设计中，教师通过展示图片和思维导图直观地展示塑料垃圾对环境、健康和动物的危害，可以增强学生对问题的认识和理解。通过展示图片这种直观的展示方式能够深入学生的心灵，引起他们的情感共鸣。展示思维导图可以将相关信息以图形化的方式呈现，帮助学生更清晰地理解问题的关联和影响。展示图片和思维导图可以激发学生的情感共鸣，让他们更加深刻地感受到塑料垃圾对环境、健康和动物的危害。这种情感共鸣可以促使学生产生对问题的认同感和责任感，从而更加积极地参与到解决问题的过程中。这种直观的展示方式可以帮助学生建立起对问题的整体认识，促进他们对道德与法治问题的深入思考和理解。通过以上方式，教师可以通过展示图片和思维导图的方式，直观地展示塑料垃圾对环境、健康和动物的危害，从而增强学生对问题的认识和理解，促进他们的道德与法治意识的培养和提升。通过思维导图的总结，帮助学生将所学知识进行梳理和整合，培养了学生的逻辑思维和知识结构的建立能力。同时让学生能够感受到塑料污染所带来的严重后果，引发学生的情感共鸣，有助于培养他们的环保意识和社会责任感。因此，这个案例通过故事引入和情境营造，引导学生多方位思考，展示图像资料，总结思维导图，以及进行情感教育和价值引导，成功地激发了学生对"白色污染"问题的关注和理解，培养了他们的综合素养和社会责任感。

3.提出问题，对比思辨

在小学道德与法治教学设计中，提出问题和对比思辨是非常重要的教学方法，有助于培养学生的批判性思维和分析能力。通过提出问题，教师可以引导学生思考和探讨道德与法治领域中的现实问题和情境。这种问题导向的教学方法可以激发学生的好奇心和求知欲，促使他们主动去思考和探索。例如，可以提出关于公平正义、诚实守信、社会责任等方面的问题，让学生通过思考和讨论来理解这些道德与法治原则的重要性。同时，教师可以引导学生进行对比思辨，如对比不同的价值观、行为选择或者社会制度，让学生从中发现问题的复杂性和多样性。通过对比思辨，学生可以培养辨析问题、权衡利弊的能力，提高他们的逻辑思维和判断能力。例如，可以引导学生对比不同的道德选择、法律规定或者社会制度，让他们理解其中的利弊和影响。此外，提出问题和对比思辨有助于培养学生的批判性思维，让他们学会质疑和思考问题背后的原因和影响。这种思维方式可以帮助学生不盲从，更加理性地对待道德与法治问题，形成独立的判断和观点。通过提出问题和对比思辨的教学设计，可以帮助学生更加深入地理解道德与法治领域中的重要概念和原则，培养其批判性思维和分析能力，为其未来的成长和发展打下良好的思维基础。

首先，在小学道德与法治教学设计中，通过情境设计让学生想象没有塑料制品的生活场景，可以促使学生展开联想和想象，从而培养学生的想象力和创造力。通过情境设计，教师可以引导学生设想没有塑料制品的生活场景，比如想象没有塑料袋、塑料玩具、塑料包装等，让学生从现实生活中脱离出来，展开想象。这种情境设计可以激发学生的想象力，让他们在脑海中构建一个全新的生活场景。情境设计可以促使学生展开联想和想象，让他们思考如果没有塑料制品，人们会如何解决生活中的各种问题。这种联想和想象可以培养学生的创造力，让他们学会从不同的角度思考问题，寻找创新的解决方案。学生可以在想象中拓展思维空间，思考生活中的各种可能性和变化。这种思维空间的拓展可以培养学生的创新意识和未来思维，让他们学会面对挑战时寻找新的解决方案。总之，通过情境设计让学生想象没有塑料制品的生活场景，不仅可以培养学生的想象力和创造力，还可以让他们在道德与法治教学中更加深入地理解环保意识和社会责任感。这种教学设计有助于提高学生的综合素养，为其未来的学习和生活打下坚实的基础。

其次，在小学道德与法治教学设计中，实际应用和生活联系是非常重要的，可以帮助学生将所学的道德与法治知识与实际生活联系起来，促进知识的应用和转化。将道德与法治知识与实际应用联系起来，可以帮助学生理解这些知识的实际意义和作用。通过实际应用，学生可以更好地理解道德规范和法律法规对日常生活的指导作用，从而提高他们的遵纪守法意识和社会责任感，也可以让学生更加深入地理解这些知识与自己的日常生活息息相关。通过生活联系，学生可以将所学的知识应用到实际生活中，培养他们的实践能力和解决问题的能力。在教学设计中，可以通过案例分析、角色扮演、实地考察等方式，让学生亲身体验和实践道德与法治知识。例如，可以设置模拟法庭、社区义务劳动等活动，让学生在实际操作中体会道德与法治知识的应用和意义。通过实际应用和生活联系，可以培养学生的综合素养，包括道德品质、法治意识、社会责任感等。这种综合素养对学生未来的成长和发展具有重要的意义，可以帮助他们成为具有良好道德修养和法治素养的公民。因此，实际应用和生活联系的教学设计，可以让学生更加深入地理解和应用道德与法治知识，促进他们的全面发展和成长。这种教学设计有助于培养学生的实践能力和社会责任感，为其未来的学习和生活奠定坚实的基础。

最后，在小学道德与法治教学设计中，实际应用和生活联系是非常重要的，可以帮助学生将所学的道德与法治知识与实际生活联系起来，促进知识的应用和转化。将道德与法治知识与实际应用联系起来，可以帮助学生理解这些知识的实际意义和作用。通过实际应用，学生可以更好地理解道德规范和法律法规对日常生活的指导作用，从而提高他们的遵纪守法意识和社会责任感。将道德与法治知识与生活联系起来，也可以让学生更加深入地理解这些知识与自己的日常生活息息相关。通过生活联系，学生可以将所学的知识应用到实际生活中，培养他们的实践能力和解决问题的能力。在教学设计中，可以通过案例分析、角色扮演、实地考察等方式，让学生亲身体验和实践道德与法治知识。例如，可以设置模拟法庭、社区义务劳动等活动，让学生在实际操作中体会道德与法治知识的应用和意义。此外，通过实际应用和生活联系，可以培养学生的综合素养，包括道德品质、法治意识、社会责任感等。这种综合素养对学生未来的成长和发展具有重要的意义，可以帮助他们成为具有良好道德修养和法治素养的公民。也可以让学生更加深入地理解和应用道德与法治知识，促进他们的全面发展和成长。这种教学设计有助于培养学生的实践能力和社会责任感，为其未来的学习和生活奠定坚实的基础。因此，这个案例通过提出问题和对比思辨，情境设计和想象能力，实际应用和生活联系，合作交流和表达能力，以及想象与实际结合，成功地激发了学生对塑料制品的思考和对比，培养了他们的综合素养和实际应用能力。

第三节　探寻解决方案，养成归纳和演绎思维能力

在小学道德与法治教学设计中，探寻解决方案并养成归纳和演绎思维能力是非常重要的，这有助于培养学生的逻辑思维和问题解决能力。探寻解决方案在小学道德与法治教学设计中具有重要的意义，这对学生的综合素养和问题解决能力的培养都有着积极的影响。探寻解决方案的过程可以帮助学生培养解决问题的能力。在面对各种道德与法治问题时，学生需要学会分析、归纳和提出解决方案，这种能力对于他们未来的学习和生活都至关重要。通过探寻解决方案，学生需要考虑到伦理、法律、社会等多个方面的因素，这有助于提高他们的综合素养。学生需要综合考虑各种因素并作出合理的决策，这种能力在日常生活和未来的职业发展中都十分重要。学生需要进行批判性思考，评估不同的选择并选择最合适的解决方案。这种批判性思维能力对于学生的认知发展和逻

辑思维能力的提高都有着显著的促进作用。学生通常需要进行合作和讨论，这有助于培养他们的团队合作意识和沟通能力。学生需要学会与他人合作、倾听他人的意见并进行有效的沟通，这对于他们未来的社交和工作都具有重要的意义。因此，探寻解决方案在小学道德与法治教学设计中扮演着至关重要的角色。这种教学方法不仅有助于学生的学习，还能够培养他们的综合素养和解决问题的能力，为他们未来的发展打下坚实的基础。

首先，在探寻解决方案的过程中，学生需要进行归纳和演绎思维，整合各种信息并从中得出结论。这种思维能力的培养有助于提高学生的逻辑思维和分析能力，让他们学会从整体和细节中找到解决问题的方法。在小学道德与法治教学设计中，归纳和演绎思维能力的培养具有重要意义，这有助于学生理解法律法规和道德规范，并且提高他们的逻辑思维能力。归纳思维是指从具体的事实、案例或现象中总结出一般性规律或结论的能力。在道德与法治教学中，学生需要通过学习案例、分析事件等方式，从中总结道德规范和法律法规的一般性规律，培养他们的归纳思维能力。演绎思维是指根据一般性原则推断出具体的结论或应用到具体情况的能力。在道德与法治教学中，学生需要学会运用学到的法律法规和道德规范，分析具体情况并得出合理的结论，从而培养他们的演绎思维能力。在教学设计中，可以通过案例分析、角色扮演、辩论赛等方式，让学生在实际操作中进行归纳和演绎思维的训练。同时，教师可以引导学生从不同角度思考问题，培养他们的综合分析能力。通过归纳和演绎思维能力的培养，学生可以培养逻辑思维和解决问题的能力，学会从多个角度思考问题并找到最佳的解决方案。这种能力对学生未来的学习和生活都具有重要意义。学生可以更好地理解和应用道德与法治知识，提高他们的逻辑思维和问题解决能力。这种教学设计有助于培养学生的综合素养，为其未来的发展奠定坚实的基础。

其次，在小学道德与法治教学设计中，教师引导学生从不同角度思考问题，是培养学生综合分析能力的重要手段。教师可以引导学生从不同的角度、立场和利益关系来思考道德与法治问题。通过引导学生思考不同的观点和可能的解决方案，可以促进学生的多元思维，让他们意识到问题的复杂性和多样性，也可以培养他们的批判性思维能力。学生需要学会对不同观点进行评估和比较，理性地分析问题，从而形成自己的判断和观点。同时，引导学生从不同角度思考问题可以帮助他们形成更加全面和综合的分析能力。学生在思考问题时需要考虑到各种可能的影响因素和解决方案，这有助于提高他们的综合分析能力。也帮助学生可以更好地理解不同人群的需求和利益，从而培养他们的社会责任感。学生能够意识到自己的行为和选择可能对他人和社会产生的影响，形成更加全面的道德观念。教师可以通过讨论、案例分析、角色扮演等方式引导学生从不同角度思考问题。此外，教师还可以提供不同的资源和材料，让学生从多个角度获取信息和观点，帮助他们形成更加全面的思考。总之，教师引导学生从不同角度思考问题是非常重要的，这有助于培养学生的综合分析能力、批判性思维能力和社会责任感，为他们未来的学习和生活打下良好的基础。总之，通过探寻解决方案并养成归纳和演绎思维能力的教学设计，可以帮助学生更好地理解和应用道德与法治知识，同时提高其逻辑思维和问题解决能力。

一、教学设计案例1

（一）案例内容

教材：从"白色污染"说起（统编版道德与法治四年级上册第四单元）。

1.聚焦链接，寻找替代品

师：同学们都发现了，我们的生活离不开塑料制品。可塑料又带给环境那么多的危害。我们该怎么办呢？让我们一起想想办法。（板书：合理使用）

师：首先来看看世界各国的做法吧。请大家阅读教材第96页的相关链接。

师：他们为什么出台这么严格的政策呢？（①德国这样做是为了减少塑料的使用量；②爱尔兰政府向消费者征税的目的是让市民少用塑料袋。）

师：世界各国都在尝试通过制定法规条例来减少白色污染。为了限制和减少塑料袋使用，有效遏制白色污染，（板书：减少使用）我国是怎么做的呢？出示：我国的做法。

师：（出示卫生、饮食、文具、玩具图片）生活中，我们应该怎么做才能减少"白色污染"呢？请选择其中一个方面，先和同桌说一说。

（①有的塑料袋我们可以重新利用；②我觉得超市里的水果可以用纸袋等可重复利用的包装。）（板书：重复使用）

师：平时，我们要怎么做才能减少塑料袋的使用呢？（①出门购物时，可以随身带一些可以装东西的布袋子；②上街买菜，可以提篮子或者布袋。）

师：是啊，我们可以给塑料袋寻找替代品，在你的生活中，还有哪些塑料制品的替代品呢？

师：是的，水果、蔬菜、谷物、饮品等常见食品可以用布袋、玻璃瓶等可重复利用或用可降解的容器盛放。（板书：找替代品）

2.小组合作，制定"减塑"方案

师：看来，我们也可以为减少"白色污染"作出贡献。今后，你们准备怎么做呢？现在开始，我们都来当一名"环保小卫士"吧，每个学习小组试着来制定一个我们的家庭"减塑"方案，请小组长拿出抽屉里的小卡片。温馨提醒：选择其中一个方面进行讨论，再合作完成"我的家庭'减塑'方案"。

师：哪个小组来汇报？选择同类的小组补充，并上台贴卡片。

师：为了减少"白色污染"，大家想出了不少金点子。由于时间关系，来不及一一汇报。请各个小组按照类别将方案贴在规定的区域里，课后大家可以一起分享学习。回家后，请大家与父母商量，从这几个方面来拟定一份完整的"我家的'减塑'方案"，写在课本的75页上。

引导学生认识到"减塑"是最好的方法，进而联系生活实际，通过小组合作，总结出金点子，试着制定家庭"减塑"方案，再循序渐进地提出"我家的'减塑'方案"，逐步将环保行为落到实处。通过课程学习，学生学会运用已有知识和经验，寻找到解决问题的方案，归纳和演绎的深度思维能力得到了明显的提升。

（二）案例分析

1.聚焦链接，寻找替代品

（1）提出问题引导学生思考

本案例开始，教师引导学生思考问题："同学们都发现了，我们的生活离不开塑料制品。可塑料又带给环境那么多的危害。我们该怎么办呢？让我们一起想想办法。"在小学道德与法治教学设计中，教师通过提出问题引导学生思考塑料制品对环境的危害，以及激发学生寻找解决方案的愿望，这些具有重要意义。通过提出问题，教师可以帮助学生意识到塑料制品对环境造成的危害，包括塑料污染对动植物的影响以及对生态平衡的破坏。这有助于培养学生对环境保护的意识和责任感。提出问题可以激发学生寻找解决方案的愿望，让他们意识到自己可以为环境问题作出积极的贡献。这有助于培养学生的环保意识和社会责任感，激发他们参与环保行动的积极性。同时通过问题的提出，学生需要思考塑料制品对环境的影响，从而培养他们的批判性思维能力。学生需要分析问题的根源并提出解决方案，这有助于培养他们的逻辑思维和创新能力。问题的提出可以引发学生之间的讨论和思考，让他们从不同角度思考环境问题，并且寻找解决方案。这有助于培养学生的合作能力和表达能力，同时也促进他们对环境问题的深入思考。因此，通过提出问题引导学生思考塑料制品对环境的危害，并激发他们寻找解决方案的愿望，教师可以在小学道德与法治教学中培养学生的环保意识、社会责任感以及批判性思维能力，为他们未来的学习和生活打下坚实的基础。

（2）了解其他国家做法

教师引导学生获取信息："首先来看看世界各国的做法吧。请大家阅读教材第96页的相关链接。"通过引导学生阅读相关链接，教师可以向学生展示真实的案例和数据，让他们了解不同国家对塑料污染问题的处理方式，这有助于学生从实际情况中获取信息。学生需要通过阅读相关链接获取关于塑料污染问题的信息，包括世界各国的政策、措施和效果等。这有助于培养学生获取信息的能力，包括筛选有效信息、理解信息内容和从中获取有用知识的能力。了解世界各国对塑料污染问题的处理方式，可以帮助学生开拓视野，认识到环境问题是全球性的挑战，需要全球范围内的合作和努力来解决。学生在阅读相关链接的过程中，需要对所获取的信息进行分析和评估，这有助于培养他们的批判性思维能力，学会对信息进行客观的判断和评价。同时，通过了解世界各国的处理方式，学生可以获得更多的知识和信息，提高他们的综合素养，包括环保意识、社会责任感和全球意识。此外，通过引导学生阅读相关链接，让他们了解世界各国对塑料污染问题的处理方式，教师可以在小学道德与法治教学中培养学生获取信息的能力，提高他们的综合素养和批判性思维能力，为他们未来的学习和生活打下坚实的基础。

接下来，教师引导学生分析问题，提出问题："他们为什么出台这么严格的政策呢？"（①德国这样做是为了减少塑料的使用量；②爱尔兰政府向消费者征税的目的是让市民少用塑料袋。）引导学生分析各国出台严格政策的原因，让他们从多个角度思考问题，培养学生的分析能力。通过引导学生分析各国出台严格政策的原因，教师可以让学生从多个角度思考问题，例如环境保护、资源利用、经济发展、社会影响等方面，培养学生全面思考问题的能力。学生通过分析各国制定政策的原因，可以理解立法背后的考量和动机，包括政府的责任感、公众利益、环境保护等，从而培养学生对法治和政策制定的理解。学生需要对各国政策制定的原因进行分析和评估，这有助于培养他们的批判性思维能力，学会对政策和社会现象进行客观的分析和判断。通过分析政策原因，学生可以获得更多的知识和信息，提高他们的综合素养，包括环保意识、社会责任感和全球意识。让学生培养解决问题的能力，学会从多个角度思考问题，并提出切实可行的解决方案，培养他们的创新意识和实践能力。学生可以从多个角度思考问题，教师可以在小学道德与法治教学中培养学生的分析能力、批判性思维能力和解决问题的能力，为他们未来的学习和生活打下坚实的基础。

（3）国内情况

教师引导学生关注国内做法："世界各国都在尝试通过制定法规条例来减少白色污染。为了限制和减少塑料袋使用，有效遏制白色污染，（板书：减少使用）我国是怎么做的呢？出示：我国的做法。"通过出示我国的做法，让学生了解国内对塑料污染问题的处理方式，增强学生对国内环境问题的认识。教师引导学生分析各国出台严格政策的原因，让他们从多个角度思考问题，有助于培养学生的分析能力。

（4）讨论：怎样减少"白色污染"

教师："（出示卫生、饮食、文具、玩具图片）生活中，我们应该怎么做才能减少'白色污染'呢？请选择其中一个方面，先和同桌说一说。"引导学生讨论解决方案。教师让学生选择一个方面进行讨论，并和同桌分享自己的想法，培养学生的合作与表达能力。通过让学生选择一个方面进行讨论，并和同桌分享，教师可以培养学生的合作能力。学生需要与同桌进行交流和讨论，共同探讨问题，这有助于培养他们的合作意识和团队合作能力，这也有助于培养他们的表达能力。学生需要清晰地陈述自己的观点和想法，这有助于培养他们的口头表达能力和逻辑思维能力。在与同桌分享的过程中，学生需要倾听对方的观点和想法，这有助于培养他们的倾听和接纳他人观点的能力，促进他们的沟通与交流能力。学生在与同桌分享的过程中，需要尊重对方的观点，并且包容不同的意见，这有助于培养他们尊重他人和包容不同观点的能力，促进他们的社会交往能力。此外，通过与同桌分享想法，学生可以得到来自不同角度的思维碰撞和启发，这有助于促进他们的思维发展和创新意识，培养他们综合分析和解决问题的能力。与同桌分享自己的想法，教师可以在小学道德与法治教学中培养学生的合作与表达能力，促进他们综合素养和社会交往能力的提高，为他们未来的学习和生活打下坚实的基础。

（5）付诸行动：少用塑料制品

然后教师提出行动建议："平时，我们要怎么做才能减少塑料袋的使用呢？（①出门购物时，可以随身带一些可以装东西的布袋子；②上街买菜，可以提篮子或者布袋）。"教师引导学生思考如何在日常生活中减少塑料制品的使用，并鼓励他们提出自己的建议，培养学生的实践能力和创新意识。通过引导学生思考如何减少塑料制品的使用，教师可以培养学生的环保意识，让他们意识到个人的生活方式与环境保护息息相关，激发他们的环保责任感。学生需要在日常生活中实践减少塑料制品的使用，例如使用可降解材料或选择可重复使用的物品等，这有助于培养学生的实践能力，让他们将环保意识转化为实际行动。同时鼓励学生提出自己的建议，可以培养他们的创新意识。学生可能会提出各种新颖的想法和方法来减少塑料制品的使用，这有助于培养他们的创造力和创新精神。学生可以意识到自己在环保方面的社会责任，这有助于培养他们的社会责任感，让他们明白每个人都可以为环境保护作出贡献。在思考和提出建议的过程中，学生可以获得更多的知识和信息，提高他们的综合素养，包括环保意识、社会责任感和创新能力。通过引导学生思考如何在日常生活中减少塑料制品的使用，并鼓励他们提出自己的建议，教师可以在小学道德与法治教学中培养学生的实践能力和创新意识，提高他们的综合素养和社会责任感，为他们未来的学习和生活打下坚实的基础。

（6）寻找塑料制品替代品

教师引导学生寻找替代品："我们可以给塑料袋寻找替代品，在你的生活中，还有哪些塑料制品的替代品呢?"教师让学生思考塑料制品的替代品，培养学生的创新思维和环保意识。在小学道德与法治教学设计中，教师让学生思考塑料制品的替代品，旨在培养学生的创新思维和环保意识。通过让学生思考塑料制品的替代品，教师可以培养学生的创新思维。学生需要寻找并提出可替代塑料制品的新材料、新技术或新方法，这有助于培养他们的创造力和解决问题的能力。学生在思考塑料制品替代品的过程中，可以意识到塑料对环境的影响，从而培养他们的环保意识。寻找可替代塑料制品的材料或产品，有助于让学生意识到环保的重要性，激发他们的环保责任感。学生也需要综合考虑材料的可行性、成本、可持续性等因素，这有助于提升他们的综合素养，包括环保意识、创新能力和综合分析能力。同时学生可以意识到自己在环保方面的社会责任，这有助于培养他们的社会责任感，让他们明白每个人都可以为环境保护作出贡献。寻找并测试可替代塑料制品的新材料或产品，这有助于培养学生的实践能力，让他们将环保意识转化为实际行动。最后，通过让学生思考塑料制品的替代品，教师可以在小学道德与法治教学中培养学生的创新思维和环保意识，提高他们的综合素养和社会责任感，为他们未来的学习和生活打下坚实的基础。

通过以上教学设计，教师在小学道德与法治教学中引导学生从不同角度思考问题，培养学生的综合分析能力、信息获取能力、解决问题的能力以及环保意识，为他们的综合素养和未来发展打下了良好的基础。

2.小组合作，制定"减塑"方案

这个案例中，教师通过引导学生思考如何减少"白色污染"，即塑料制品带来的环境污染问题，并鼓励他们提出家庭"减塑"方案，旨在培养学生的环保意识和实践能力。学生在小组内合作讨论，提出各自的"减塑"方案，然后进行汇报和分享。

在第一阶段：启发思考

教师通过提问引导学生思考如何减少"白色污染"，激发了学生的环保意识和创新思维。通过提问引导学生思考如何减少"白色污染"，教师可以激发学生的环保意识。学生在思考这个问题的过程中，会意识到塑料制品对环境造成的污染和影响，从而培养他们对环境保护的重视和责任感。在思考如何减少"白色污染"的过程中，学生需要寻找创新的解决方案，如寻找替代材料、提倡可持续消费等，这有助于培养学生的创新思维和解决问题的能力。同时也需要综合考虑材料的可行性、成本、可持续性等因素，这有助于提升他们的综合素养，包括环保意识、创新能力和综合分析能力。通过思考如何减少"白色污染"，学生可以意识到自己在环保方面的社会责任，这有助于培养他们的社会责任感，让他们明白每个人都可以为环境保护作出贡献。让学生在思考环保问题的过程中，可以提出切实可行的建议，并且在实际生活中尝试和实践，这有助于培养他们将环保意识转化为实际行动的实践能力。最后，通过提问引导学生思考如何减少"白色污染"，教师可以在小学道德与法治教学中激发学生的环保意识和创新思维，提高他们的综合素养和社会责任感，为他们未来的学习和生活打下坚实的基础。

第二阶段：合作学习

学生在小组内合作讨论"减塑"方案时，需要相互协作、共同商讨，并就不同意见进行讨论和协商。这种合作过程可以培养学生的合作能力，让他们学会与他人合作、共同解决问题。在合作讨论中，学生需要相互倾听、尊重他人意见，共同努力达成共识。这有助于培养学生的团队精神，让他们懂得团结合作、共同进步的重要性。合作讨论过程中，学生需要进行有效的沟通和表达，学会倾听他人观点并清晰地表达自己的想法。这有助于提升学生的沟通能力，让他们学会有效地与他人交流和合作。在讨论制定"减塑"方案的过程中，学生需要共同解决各种问题和挑战，例如如何在家庭中减少塑料制品的使用等。这有助于培养学生解决问题的能力，让他们学会寻找解决方案并付诸实践。通过共同制定"减塑"方案，学生可以意识到每个人都有责任为环境保护出一份力，培养他们的共同责任感和环保意识。综合来看，学生在小组内合作讨论，共同制定家庭"减塑"方案，不仅培养了他们的合作能力和团队精神，还提升了他们的沟通能力、解决问题能力和共同责任感，为他们未来的学习和生活打下了坚实的基础。通过共同制定家庭"减塑"方案，也培养了他们的合作能力和团队精神。

第三阶段：实践能力培养

学生需要提出切实可行的家庭"减塑"方案，这有助于培养他们将环保意识转化为实际行动的实践能力。学生在提出家庭"减塑"方案时，需要考虑到实际的家庭生活情况和可行性，如减少塑料袋的使用、选择可降解材料制品等。这有助于让学生学会将环保意识转化为切实可行的实际行动，培养他们的实践能力。通过提出家庭"减塑"方案，学生需要将环保意识贯穿于日常生活中的各个方面，如购物、餐饮、日常用品选择等。这有助于让学生在实践中不断强化环保意识，形成持续的环保行为习惯。同时，学生在提出家庭"减塑"方案的过程中，会意识到实际行动对环保的重要性，从而激发他们参与环保实践的积极性和主动性。通过实际行动参与环保，可以培养学生的社会责任感，明白自己在环保方面的责任和作用，从而形成积极的环保行为态度。最后，学生在实践中体会到减少塑料使用的重要性，有助于培养他们的可持续发展观，让他们明白环保行为对未来的重要性。综合来看，学生需要提出切实可行的家庭"减塑"方案，这有助于将环保意识转化为实际行动的实践能力，培养他们的社会责任感和可持续发展观念，为他们未来的学习和生活打下坚实的基础。

第四阶段：分享交流

在小学道德与法治教学设计中，学生在汇报和分享中，可以从其他小组的方案中学习到新的观点和方法，促进他们的交流与合作能力。通过汇报和分享，学生可以了解到其他小组提出的家庭"减塑"方案，从中学习到新的观点和方法。这有助于拓宽学生的视野，让他们了解到不同的环保实践方式，促进他们的环保意识和实践能力的提升。在汇报和分享的过程中，学生可以就不同方案展开讨论和交流，分享彼此的想法和经验。这可以促进学生之间的交流与合作，让他们学会倾听和尊重他人观点，同时也能够分享自己的见解，提升他们的交流与合作能力。同时，通过学习其他小组的方案，学生可以发现自己方案的不足之处，同时也能够吸收其他方案的优点。这有助于提升学生的思考能力和分析能力，让他们学会在实践中不断改进和完善自己的想法和方案。在汇报和分享的过程中，学生需要团队合作，共同展示和分享自己的方案。这有助于培养学生的团队精神，让他们学会在团队中协作，共同完成任务。最后，通过汇报和分享，学生有机会展示自己的想法和方案，这有助于提升他们的自信心，让他们学会自信地表达和展示自己的成果。综合来看，学生在汇报和分享中，可以从其他小组的方案中学习到新的观点和方法，促进他们的交流与合作能力，同时也提升了他们的自信心和团队精神，为他们未来的学习和生活打下坚实的基础。

第五阶段：家校合作

在小学道德与法治教学设计中，教师要求学生回家后与父母商量制定完整的"减塑"方案，促进了家庭与学校的合作，使环保意识得以延伸和落实。通过要求学生与父母商量制定"减塑"方案，促进了家庭与学校的合作。家长可以与学生一起讨论和制定环保方案，这种合作有助于加强家庭与学校之间的联系，形成共同的环保意识和行动。学生与父母商量制定"减塑"方案，可以让环保意识在家庭中得以延伸。家庭成员通过参与制定环保方案，会对环保意识有更深刻的认识，从而在日常生活中更加积极地实践环保行为。同时通过家庭与学校的合作，学生制定的"减塑"方案可以更好地在家庭中得到落实。家长可以在日常生活中引导和督促学生执行环保方案，从而使环保意识得以真正落实在家庭生活中。学生与父母商量制定环保方案，也是一种家庭教育的机会。通过参与环保方案的制定，家长可以向学生传递环保知识和理念，加强家庭教育中的环保教育内容。家庭与学校的合作不仅仅在个体层面产生影响，也有可能对社会产生积极影响。通过学生在家庭中的环保实践，有可能影响到家庭周围的邻里和社区，从而扩大环保意识的影响范围。综合来看，教师要求学生回家后与父母商量制定完整的"减塑"方案，促进了家庭与学校的合作，使环保意识得以延伸和落实，同时也加强了家庭教育中的环保内容，为学生在家庭和社会中培养环保意识和实践能力奠定了基础。通过实际操作和合作学习，也培养了学生的环保意识、实践能力和合作精神。

参考文献

[1]王亚光.基于慕课的"电子技术"翻转课堂教学实践与研究[J].华章,2023(6):64.

[2]马盼盼.基于学生发展核心素养的道德与法治课深度教学研究[D].扬州:扬州大学,2022.

[3]吴锦程.探究思想道德与法治教学的有效策略[J].现代职业教育,2023(11):19.

[4]张科竹.初中道德与法治课议题式教学的运用研究[D].哈尔滨:哈尔滨师范大学,2020.

[5]杨文英.一体化建设背景下初高中思政课政治认同素养培育教学衔接研究[D].沈阳:沈阳师范大学,2023.

[6]杨利瑛.基于核心素养的小学道德与法治课堂教学[J].学园,2023(5):5.

[7]曹立华."五育"融合下小学道德与法治课堂教学实践策略探究[J].考试周刊,2023(11):92.

[8]李珊.推动党史学习教育常态化制度化的现实逻辑与实践向度[J].教师,2023(6):67.

[9]袁菲.获得感视域下初中"道德与法治"课教学优化策略研究[D].长沙:湖南大学,2022.

[10]李晓东,柯楠茜.道德与法治课程的核心素养培育:基于《义务教育道德与法治课程标准(2022年版)》的解读[J].教师教育学报,2022(6):568.

[11]梅丹玲.体验式教学法在初中道德与法治课中的运用研究[D].重庆:西南大学,2022.

[12]朱寿清.精准解读基本法律概念 精心培育学生法治观念[J].中学政治教学参考,2023(6):114.

[13]李晓东.道德与法治课程标准中的法治观念和法治教育[J].青少年法治教育,2022(9):113.

[14]雷卫平.高校立德树人中的"德"与"人"[J].西南科技大学学报(哲学社会科学版),2021(6):107.

[15]袁阳,李雪皎.新时代道德建设的实现路径探索[J].改革与开放,2023(3):106.

[16]崔淑玥.初中道德与法治课培育学生法治素养的对策研究[D].青岛:青岛科技大学,2023.

[17]苏振芳.践行社会主义核心价值观必须正确把握三种关系[J].社会主义核心价值观研究,2016(6):71.

[18]林彬.筑就"商专样式"的现代职业大学校园文化建设[J].福建商业高等专科学校学报,2023(10):44.

[19]马盼盼.基于学生发展核心素养的道德与法治课深度教学研究[D].扬州:扬州大学,2019.

[20]王有鹏.责任意识核心素养解读[J].中学政治教学参考,2023(5):224.

[21]许莹莹,唐爱国.基于核心素养培育的初中道德与法治"融课堂"构建[J].学园,2023(3):93.

[22]李秋平.现代信息技术环境下培养中学生公共参与素养必要性及途径的探究[J].西藏教育,2022(11):86.

[23]何虹.核心素养导向下小学道德与法治课堂教学改革研究:评思政创新课:核心素养导向下的小学道德与法治教学改进[J].教育理论与实践,2023(7):80.

[24]庄怡清.爱国主义教育在小学道德与法治教学中的有效渗透[J].新课程研究,2020(12):277.

[25]程蓉.让学习真正发生:小学道德与法治课堂深度学习浅议[J].教育界,2023(7):23.

[26]管晓红.立德树人视角下小学道德与法治主题单元活动教学探究[J].教学管理与教育研究,2022,7(13):70-72.

[27]陈丽婷.初中道德与法治单元整体教学策略的思考[J].科学咨询,2022(16):218-220.

[28]刘徽."大概念"视角下的单元整体教学构型:兼论素养导向的课堂变革[J].教育研究,2020,41(06):64-77.

[29]中华人民共和国教育部.义务教育道德与法治课程标准(2022年版)[M].北京:北京师范大学出版社,2022:49.

[30]曹立华."五育"融合下小学道德与法治课堂教学实践策略探究[J].考试周刊,2023(11):71.

[31]刘俊龙.初中道德与法治教育的整合与创新研究[J].家长,2023(6):77.

[32]王文君.小学道德与法治课程教育教学中地方红色文化资源的运用研究:以陇南红色文化资源为例[J].西北成人教育学院学报,2023(1):155.

[33]龚思源.初中道德与法治课堂教学中实施革命传统教育研究[D].哈尔滨:哈尔滨师范大学,2023.